손기정 평전

SON GIJON: TEIKOKU NIHON NO CHOSENJIN MEDALIST
by Makoto Kin /Sung Kim

Copyright © 2020 Makoto Kin /Sung Kim
All rights reserved.
First published in Japan in 2020 by CHUOKORON-SHINSHA, INC.

This Korean edition is published by arrangement with CHUOKORON-SHINSHA, INC., Tokyo in care of Tuttle-Mori Agency, Inc., Tokyo, through AMO AGENCY, Korea.

손기정 평전

제국의 트랙을 딛고 민족을 넘다

김성 지음
서재길 옮김

들어가며

"당신의 스포츠 영웅은 누구입니까?"라는 질문을 받을 때 어떤 스포츠 선수를 떠올리는가? 올림픽 금메달리스트, 미국 메이저리그에서 활약하는 선수, 월드컵에서 뛰어난 기량을 보여주는 선수 등, 세대나 개인의 기호에 따라 다양한 선수를 생각할 것이다.

그렇다면 "많은 사람이 지지하는 스포츠 영웅은 누구입니까?"라는 질문을 받는다면?

스포츠의 본질 중 하나는 경쟁이다. 승부가 결정되면 승자는 그 신체적 능력과 노력에 대한 찬사를 받는다. 그렇지만 그것이 전부는 아니다. 많은 사람들이 지지하는 스포츠 영웅은 어떠한 시공간, 곧 어느 시대 어느 지역에서의 찬사가 있어야 비로소 탄생한다. 이 책은 20세기 일본과 불가분의 관계였던 조선반도 출신의 스포츠 영웅에 주목한다.

한국에는 서울과 대전에 현충원이라는 국립묘지가 있다. 원래는 한국전쟁(1950-1953)에서 희생된 병사들을 추모하고 그 영령을 위로하는 국군묘지로 만들어졌다. 1965년 3월 대통령령에 따라 국군묘지에서 국립묘지로 승격되면서 전사자뿐만 아니라 국가를 위해 순국한 분들의 묘역으로 그 기능이 확대된다. 대전의 국립묘지에는 위대한 운동선수가 잠들어 있다. 그가 바로 손기정(1912-2002)이다.

일본이 조선반도를 식민지로 지배한 것은 1910년부터 1945년까지이다. 이 식민지 시기에 태어난 손기정은 조선반도 출신 일본 선수로서 히틀러 정권하의 독일에서 개최된 베를린 올림픽(1936)에 출전하여 마라톤에서 금메달을 획득함으로써 일약 시대의 총아가 된 인물이다. 암스테르담 올림픽(1928)에서 일본인 최초의 금메달리스트가 된 오다 미키오(織田幹雄) 이래 열한 번째 금메달리스트였다.

가나쿠리 시소(金栗四三)가 스톡홀름 올림픽(1912)에 출전한 이래 일본의 숙원이었던 올림픽 마라톤 제패는 공교롭게도 그해에 태어난 손기정에 의해 이루어졌다. 또한 이때 3위를 차지한 선수도 같은 조선반도 출신의 남승룡 선수로, 베를린 올림픽의 시상대에는 이 두 조선인 선수가 서 있었다.

손기정의 승리는 1910년 이후 일본의 식민지가 된 조선 민족의 굴욕적인 나날에 한 줄기 빛을 비추었다. 식민지 조선의 지식인들은 그의 승리를 그대로 조선 민족의 영광으로 읽어냈다.

1936년 베를린 올림픽 마라톤 경기에서 1위로 결승선에 들어온 손기정.

국립대전현충원에 있는 손기정의 묘.

다른 한편으로, 손기정과 남승룡은 일본인 코치가 발굴해 낸 일본 대표 선수이기도 했다. 그들이 히노마루(日の丸)가 달린 유니폼을 입고 42.195킬로미터를 완주했을 때 거기서 지배-피지배의 관계를 읽어낸 사람은 거의 없었으리라. 그러나 베를린 올림픽 경기 이후 일본과 조선의 지식인들은 지배-피지배의 대립 속에서 손기정이라는 영웅을 두고 서로 다투게 된다.

그 대립의 결과 중 하나가 '일장기 말소 사건'이다. 조선의 민족계 신문 동아일보사가 시상대에 선 손기정의 유니폼에 있던 히노마루를 지운 사진을 8월 25일 자 석간에 게재한 것이다. 이 행위를 심각하게 여긴 조선총독부는 동아일보사에 무기한 정간을 명령했다.

영웅으로서 손기정의 삶은 제국 일본 지배하의 조선 민족의 금메달리스트였다는 사실과 일장기 말소 사건이 늘 교차하면서 빛과 그림자를 드리운다. 이후 메이지(明治) 대학에 진학한 손기정은 중일전쟁에서 태평양전쟁으로 이어지며 전황이 격렬해지는 시기에 조선으로 돌아온 뒤 결국 대일 협력을 강요받지만, 해방 후에는 한국 체육계를 대표하는 인물이 된다.

베를린 올림픽으로부터 반세기가 지난 1988년 서울에서 올림픽이 개최되었을 때 손기정은 개회식에서 성화 봉송 주자로 나섰다. 당시 75세가 된 그의 마음속에 무슨 생각이 떠올랐을까?

손기정은 지금 국립대전현충원에 영면해 있다. 금메달리스트라고는 하지만 그는 어떤 이유로 국가를 위해 순국한 이들과 함께 국립묘지에 잠들어 있는 것일까.

이 책은 손기정의 생애사(life-history)를 통해 제국 일본에서 스포츠 영웅의 의미를 묻고, 이를 통해서 일본과 조선반도 사이에 복잡하게 얽혀 있는 근현대사를 그리려 한다.

차례

들어가며 · 7

서장 제국 일본과 조선 민족의 '영웅' · 15

제1장 마라톤에서의 약진: 1909-1932년
압록강 변에서: 스케이트화에 대한 동경 · 31
명문 양정고보에: '반도의 올림픽'에서의 활약 · 42

제2장 베를린 올림픽의 영광: 1932-1936년
내선융화와 스포츠: 로스앤젤레스 올림픽의 조선인 선수 · 61
일본 대표 선발: 라이벌과 민족의 우수성 · 73
금메달 획득: 올림픽 기록으로 우승 · 89

제3장 일장기 말소 사건의 충격: 1936년 8월
상이한 열광: 일본과 조선, 칭찬의 차이 · 107
지워진 '히노마루': 조선 지식인들의 저항 · 120
경계 대상 인물로: '초대받지 못한 자'가 되다 · 134

올림픽 신기록이었다.

손기정은 조선인이지만 일본 대표 선수로 이 마라톤을 완주했다. 조선의 대표 선수가 될 수는 없었다. 당시의 조선반도는 일본의 식민지였기 때문이다. 그에게는 일본 대표를 사퇴하고 올림픽 마라톤을 포기하거나 일본 대표 선수로 달리거나 하는 두 가지 선택지밖에 없었다. 손기정은 후자를 택했다. 조선 민족의 대표로서 제국 일본의 마라토너가 되었던 것이다.

그렇다면 베를린 거리를 달리던 손기정의 라이벌은 도대체 '누구'였던가?

1932년 로스앤젤레스 올림픽의 우승자였던 아르헨티나의 후안 카를로스 자발라(Juan Carlos Zabala), 영국의 강호 어니스트 하퍼(Ernest Harper)였을까. 아니면 일본 대표 선수 자리를 놓고 접전을 벌이며 베를린 거리를 함께 달리고 있던 시와쿠 다마오(塩飽玉男), 아니면 또 다른 조선인 주자 남승룡이었을까?

혹은 이보다 더 큰 무엇이었을까? 조선을 식민 지배하고 있는 제국 일본, 혹은 조선의 식민 지배를 실행하는 조선총독부를 중심으로 한 식민 권력일까, 그것도 아니면 서구인들이 동양인을 바라보는 시선이나 오리엔탈리즘일까? 어쩌면 어린 시절부터 그를 괴롭혀 온 가난이었을지도 모른다. 혹은 그 모든 것일 수도 있으리라.

영웅 손기정을 바라볼 때, 동시대적 제약 속에서 다양한 해석이 가능해진다.

올림픽 경기장의 시상대에 선 손기정. 게양대에 일본 국기

히틀러의 찬사

처음 마주한 히틀러는 위풍이 당당했다. (······) 깊이 눌러 쓴 군모 아래로 번뜩이는 눈빛을 숨기고 있었다. 커다란 코와 좁게 깎은 콧수염이 그의 날카로움을 더해 주는 것 같았다. 덥석 내 손을 쥐고 흔들며 "마라톤 우승을 축하한다"고 말했다. 나는 통역 다무라(田村)의 입을 빌려 "독일 국민들이 성원해 줘서 이겼다. 고맙다"고 대답했다. 그는 호탕하게 웃었다.
1m 60의 내 키에 비해 그의 체구는 크고 우람했다. 특히 손은 크고 거칠어 억세었으며 독일을 이끌어 가는 독재자답게 강인한 체취를 풍겼다.
─『나의 조국, 나의 마라톤: 손기정 자서전』

윗글은 아돌프 히틀러를 만난 손기정이 히틀러에 대한 인상을 말한 것이다. 히틀러는 손기정의 손을 꼭 잡고 "마라톤 우승을 축하한다"고 했다. 손기정은 1936년 8월에 열린 베를린 올림픽 마라톤 경기의 우승자였다. 기록은 2시간 29분 19초 2로

제4장 제국 일본에 휘둘리다: 1936-1945년

일본 유학: '마라톤 포기'의 조건 · **145**

조선반도로의 귀환: 은행 취업, 〈민족의 제전〉 · **160**

전쟁의 격화와 대일 협력: 학도지원병 권유 · **169**

제5장 해방 후의 세계에서: 과거의 영광과 굴레

1947년, 보스턴 마라톤 출전 · **185**

남북분단 시대로: 한국전쟁부터 국적 회복 사건까지 · **202**

서울 올림픽 유치와 성화: 스포츠계의 숙명 · **214**

종장 민족을 짊어진 '영웅' · **223**

후기 · 233
옮긴이의 말 · 237
참고문헌 · 241
손기정 연보 · 246

일러두기

원문에 사용된 일본어식 역사, 지리 용어는 어감을 해치지 않은 한 최대한 원문대로 표현했다(예 : 조선, 조선반도, 조선 민족, 북조선 등). 다만 한국에서 널리 사용되는 역사적 용어의 경우 한국적 맥락에서 수정했다(예 : 조선전쟁→한국전쟁 등).

일본 제국의 식민주의적 팽창 정책에 의해 사용된 단어 또한 역사적 맥락을 살피기 위해 당시의 표현을 살려 쓴 경우가 있다(예 : 내지, 외지, 내선일체 등). 또한 이봉창, 윤봉길의 의거를 범죄나 테러로 묘사하는 등의 표현도 당시 일본의 시각을 드러내기 위해 그냥 둔 경우가 있다.

본문에서 한글 신문이나 잡지, 단행본 등 한국어 자료를 인용했을 경우, 원문을 찾아 원문대로 표기했다. 다만 맞춤법과 띄어쓰기, 구두점 등 독자의 이해를 위해 현대어로 수정했다. 또한 원문 고증 과정에서 명백한 오류임이 드러났을 경우 수정했다.

인용문 등에서 한자로 표기된 인명, 지명 등 표기는 지금의 표기로 바꾸었다(예 : 比律賓→필리핀, 白林→베를린, 元漢慶→언더우드, 峰岸昌太郎→미니기시 쇼타로 등). 또한 한자어 지명의 경우 한국인에게 익숙한 한자음을 그대로 사용했다(예 : 대련, 봉천, 장춘 등).

원저자의 인용에 나타난 가필과 수정은 큰따옴표(" ")로 표시했고, 옮긴이에 의한 수정은 대괄호 속에 옮긴이의 것임을 별도로 표시했다. 독자의 이해를 돕기 위해 필요할 경우 지명이나 인명 등의 원문에 알파벳을 부기했다.

모든 각주는 독자의 이해를 돕기 위해 번역자가 작성한 것이다.

서장

제국 일본과 조선 민족의 '영웅'

가 가장 높이 올라가고 '기미가요'가 흘러나온다. 그때 손기정의 뺨을 타고 흐르던 눈물의 의미는 오직 그 자신만이 알고 있었으리라. 감격의 눈물인지, 고충의 눈물인지, 아니면 미움과 울분에 사로잡힌 눈물인지. 큰 환성이 울려 퍼지는 가운데 마라톤 우승자를 맞이하는 경기장 관중들에게 그 모습은 어떻게 비쳤던 것일까. 히틀러는 손기정의 우승을 축하했다. 그는 위대한 운동선수이자 당시 세계에서 가장 빛나는 한 인간이었기 때문이다. 또한 축하를 받은 손기정의 히틀러에 대한 인상 역시 그다지 나쁘지 않았다.

이 베를린 올림픽은 같은 해 2월에 개최된 가르미슈-파르텐키르헨(Garmisch-Partenkirchen) 동계 올림픽과 더불어 나치의 프로파간다라는 의미를 지니고 있었다. 무엇보다도 베를린 올림픽은 '우수한 민족'으로서의 게르만 민족과 고대 그리스 문화와의 연관성을 전 세계에 알려 독일의 권위를 국내외에 드러낼 수 있는 절호의 기회였다. 이 같은 베를린 올림픽이었다고는 해도, 손기정에게는 선수로서 가장 중요한 스포츠 이벤트로서 기억에 남았으리라는 것은 더 말할 나위도 없으리라.

서장 앞부분에서 인용한 글은 손기정이 쓴 자서전 『나의 조국, 나의 마라톤』에서 가져온 것으로, 이 책은 1985년에 출판된 것이다.[1] 당시 한국은 민주화 운동이 활발하게 전개되던 시

---

[1] 『아, 월계관의 눈물: 손기정 자서전(ああ月桂冠に涙: 孫基禎自傳)』(講談社)이라는 제목의 일본어 번역본이 출간된 것이 1985년이고, 그 원저에 해당하는 『나의 조국,

기로, 이후 개최될 1988년 서울 올림픽을 앞둔 시점에 이 책이 번역, 출판되었다.

서울 올림픽 즈음에 대통령이 될 노태우가 당시 올림픽 조직위원회 조직위원장으로서 서문을 썼는데, 이를 통해서도 이 책이 서울 올림픽의 성공을 위한 중요한 저서 중 하나였다는 것을 알 수 있다.[2] 서울 올림픽은 한국의 국가로서의 위신이 걸린 올림픽이었다. '국가', '올림픽', '영웅', '민족'은 언제든지 연관되어 이용될 가능성을 내포하고 있다.

올림픽 마라톤 우승의 의미

손기정이 일본 대표로서 베를린 올림픽 마라톤에서 우승했다는 사실은 어떤 의미를 지닐까. 베를린 올림픽을 시찰하면서 그 현장에 있었던 소노야마 가메조(園山龜藏)는 『유럽여행기(渡歐記)』에 다음과 같이 적고 있다.

나의 마라톤: 손기정 자서전』은 1983년 한국일보사에서 처음으로 간행되었다. 이후 학마을B&M(2012), 휴머니스트(2022) 등 출판사를 바꿔 가면서 개정판이 간행되는데, 초판에서 언급된 식민지 말기의 행적에 대한 손기정 자신의 언급이 개정판에서는 삭제되어 사라졌기 때문에 번역본에서는 초판본을 활용했다.
2) 이 글은 일본어 번역본에만 실려 있다. 1983년에 출간된 한국어 초판본에는 노태우의 글 대신 독립기념관 추진위원장인 홍종인이 "겨레와 함께 달린 민족사상의 큰 승리"라는 제목의 서문을 썼다.

15시, 대망의 마라톤 출발이다. 일본에서는 손, 남, 시와쿠 세 사람이 출전한다. 10킬로미터, 21킬로미터, 25킬로미터를 지날 때마다 시시각각 뉴스가 들어온다. 핀란드의 자발라가 선두다. 애가 탄다. 38킬로미터쯤부터 손이 단연 선두로 나섰고, 남의 진출도 대단하다. 올림픽 신기록으로 손이 우승, 남도 3위로 골인. 관중들이 모두 기립하여 축하를 보낸다. 제5회 스톡홀름 대회에 가나쿠리 씨를 보낸 이래 와신상담하기를 24년, 오늘 처음으로 당초의 목적을 달성할 수 있어서 그 기쁨도 더욱 크다. 두 번째 국가 제창에 감격의 눈물이 흐른다. 이제 독일인이 우리 일본인을 바라보는 눈빛이 달라진 것 같다. 사인 공세로 거리를 걷는 일조차 쉽지 않을 정도로 그 영향은 크다.

─『유럽여행기』

소노야마는 시마네현(島根縣) 체육 운동 주사 자격으로 베를린에 입국하여 올림픽 경기를 차례로 관람했다.

그의 글을 보면 손기정과 남승룡을 온전히 일본 대표 선수로 여기고 응원하는 것을 알 수 있다. '두 번째 국가 제창'이라는 것은 사흘 전인 8월 6일 삼단뛰기에서 다지마 나오토(田島直人)가 16미터의 세계 신기록으로 우승하면서 금메달을 땄기 때문이다.

한편, 인용문에 나오는 자발라는 핀란드가 아닌 아르헨티나 선수이므로 오류이다. 5천 미터와 1만 미터에서 핀란드 선수들이 상위권을 차지하면서 두 종목에서 모두 우승했기 때문에,

장거리 종목에서 핀란드 선수들이 보여준 강점이 소노야마에게 이미지로 남아 있었을지도 모른다.

어쨌든 손기정이 우승했을 때 소노야마가 "이제 독일인이 우리 일본인을 바라보는 눈빛이 달라진 것 같다"라고 한 베를린의 분위기는 매우 흥미롭다. 손기정의 마라톤 우승이 독일인으로 하여금 일본인을 바라보는 시선을 바꾸게 할 만큼의 영향력을 가졌다는 것이다. 마라톤이라는 가혹한 경기에서의 우승은 그 민족의 강한 인내심과 우수함을 보여주는 바로미터로 기능했다. 독일의 선전부 장관이었던 요제프 괴벨스도 손기정의 우승 소식을 듣고 "일본이 마라톤에서 우승했다. 얼마나 대단한 나라, 대단한 민족이냐!"라고 일기에 썼다(다카기 스스무 옮김, 『베를린 올림픽 1936』).

베를린 올림픽 일본 선수단 단장을 맡았던 히라누마 료조(平沼亮三)는 당시를 다음과 같이 말하고 있다.

> 독일은 올림픽 대회 내내 일본에 호의적인 태도를 보여주었다. 우리가 길을 물어보면 "무어, 일본인이라고? 길을 알려주겠소"라며 사방에서 모여들어 친절하게 안내해 주는 상황이다. 독일 신문을 봐도 일본만큼 우호적으로 쓰는 나라는 없을 정도여서, 거의 독일의 주빈으로 대접받는 느낌이다.
>
> 이는 선수들이 경기를 통해서 줄곧 발휘하고 있는 일본 정신이 독일인들에게 깊은 감명을 주었기 때문이다. 특히 무라코소(村社) 선수가 혼자 5천 미터와 1만 미터에서 분투한 것, 손기정, 남승룡

두 선수가 마라톤에서 혁혁한 승리를 획득한 것은 대회를 통틀어 많은 감명을 줌으로써 일본인을 이해시키는 데 도움이 되었다고 생각한다.

──『스포츠 생활 60년』

히라누마의 회상에서도 알 수 있듯 장거리 종목에서 활약한 무라코소 고헤이(村社講平), 손기정, 남승룡의 승리는 독일인들에게 감동을 주었고, 인내심을 미덕으로 여기는 일본인의 정신성에 대한 이해를 촉진했다.

당시 베를린에서 올림픽을 관람한 독일인들에게는 손기정이나 남승룡이 조선인이라는 인식이 전혀 없었을 것이다. 마음속으로 손기정은 조선 민족이라 느꼈겠지만, 그들을 바라보는 외부 세계의 사람들은 그들을 일본인으로 여겼다. 그들이 열심히 달리는 모습은 일본인의 인내심을 보여주었고 그들의 승리는 제국 일본의 이미지 제고에 도움이 되었다. 이들은 일본인의 우수성을 나타내는 모습으로 세상 사람들의 눈에 비쳤다.

손기정의 승리는 제국 일본과 나치 독일의 친선에도 이바지하는 승리였다. 히라누마가 베를린에서 일본으로 귀국했을 때, 일본과 독일 사이에 일독방공협정이 체결되어 있었던 것이다.

제국 일본과 조선 민족의 틈새에서

손기정의 마라톤 우승은 일본의 승리였으므로 세계는 그 승리를 통해 일본인의 우수성을 느꼈다. 손기정이 베를린 올림픽에서 우승한 다음 날 《뉴욕 타임스》는 다음과 같이 보도했다.

> 베를린 8월 9일. 오늘 올림픽 마라톤에서 기록적인 승리를 거둔 어린 학생 손기정은 담요를 걸친 채로 눈물을 흘리는 많은 일본인들에게 둘러싸여 있었다. 가끔씩 사람들이 발끝으로 조심스럽게 다가와 조용히 손기정의 가슴에 머리를 잠시 늘어뜨리다가는 다시 비애의 모습을 드러내는 것이었다.
>
> 손기정은 그저 미소를 지으며 누워 있었다. 그는 올림픽이 시작된 이래로 일본이 추구해 온 영웅이 되었다는 사실을 알게 되었던 것이다.
>
> "우리는 24년 동안 이 승리를 위한 준비를 해왔습니다"라며 대단히 감격스러운 장면을 설명하면서 눈시울을 붉히는 한 일본인 기자가 속삭였다. "비로소 우리가 승리했다는 사실을 깨달았습니다. 일본에게 있어 결정적인 순간입니다."
> ―《뉴욕타임스》, 1936년 8월 10일

손기정이 결승선 테이프를 끊은 후의 광경이다. 마라톤 금메달의 위업이 일본인 손기정의 승리로서 보도되고 있다. 그를 바라보는 일본인도 그의 우승을 진심으로 기뻐하며 그 위업에 눈물을 흘리면서 감동했다. 올림픽 마라톤 우승은 가나쿠리 시소가 1912년 스톡홀름 대회에 출전한 이래 24년 동안 기다려 온 대망의 우승이었기 때문이다. 일본인과 독일인은 물론 전 세계 모든 사람이 일본 대표 선수인 손기정의 우승 뒤에 그 이상의 무언가가 있으리라고는 생각하지 않았다.

하지만 조선인들은 달랐다. 손기정은 제국 일본 속에서 살아가는 조선인이었다.

조선 민족, 그중에서도 조선 지식인들은 견딜 수가 없었다. 반도의 조선인들이 손기정의 우승에 열광하면 할수록, 그 승리가 일본의 영광이자 일본인의 승리로 전 세계에 받아들여진다는 사실에 대해 괴리를 느끼지 않을 수 없었다. 조선인을 대표하는 민족주의자, 그리고 교육계와 언론계의 지식인들은 손기정은 조선인이고 세계를 제패한 것은 조선 민족의 대표라고 세계에 호소하고 싶었다.

베를린 올림픽에 일본 대표 선수로 선발된 조선인이 손기정과 남승룡 이외에도 다섯 명이 더 있었다. 즉 일곱 명의 조선인이 일본 대표 선수로서 베를린 올림픽에 참가했던 것이다.

이를테면 축구의 김용식을 들 수 있다. 일본 축구 대표팀이 강호 스웨덴을 꺾는 '베를린의 기적'을 만들어 낸 주역 중 한 명인 그는 훗날 '한국 축구계의 아버지'로 불리기까지 한 영웅이다. 그 밖에도 농구의 이성구, 장이진, 염은현과 권

투의 이규환 들이 대표 선수로서 베를린 올림픽에 참가했다. 이들 중에는 베를린으로 떠나기 전에 조선인으로서 제국 일본의 선수가 되는 것을 주저한 이도 있었다. 염은현은 『농구의 발자취: 일본농구협회오십년사』에서 다음과 같이 말하고 있다.

> 베를린 올림픽에서는 농구 대표 후보 선수로 연희전문에서 이성구, 장이진, 나 세 사람이 뽑혔다. 당시 한국은 일본의 정치적 지배하에 있었기에 일본인이 아닌 우리들은 한국의 원로분들에게 참가 여부를 타진했다. 원로분들의 간곡한 권유로 참가하게 되어 성대한 환송회가 몇 차례고 열렸다.
> ─『농구의 발자취』

이들이 일본 대표 선수 자격으로 베를린 올림픽에 참가할 수 있도록 지원해 준 것은 식민지 조선의 원로들, 즉 조선 지식인들이었다. 그들은 비록 제국 일본 대표 선수가 된다고 할지라도 조선 민족 중에서 세계에 필적할 만한 신체 능력을 가진 젊은이들이 나와 주기를 크게 기대했다. 스포츠가 그 민족의 우수성을 가장 뚜렷하고도 빨리 세계에 알릴 수 있는 장(場)임을 인식하고 있었기 때문이다.

그 절호의 기회는 베를린 올림픽에서 실현되었다. 손기정의 마라톤 우승이었다. 조선 지식인들 역시 이 순간을 환희로 맞이했다. 식민 지배를 감내해야 했던 조선 민족의 울분이 손기정의 우승을 통해서 승화되었던 것이다.

1936년 8월 10일에 발행된 《동아일보》 호외에는 「손 군의 우승은 20억의 승리」라는 제목의 기사가 실렸다. 이 기사에서 조선체육회 회장 윤치호는 "우리 조선의 청년이 스포츠를 통해 세계 20억을 상대로 당당 우승의 영광을 획득하였다는 것은 곧 우리 조선의 청년이 전 세계 20억 인류를 이겼다는 것"(《동아일보》 1936년 8월 10일, 호외)이라고 하면서, 손기정의 우승을 통해 민족의 자존심을 되찾게 되었다는 생각을 토로하고 있다. 그만큼 이 우승이 조선 민족에게 끼친 영향은 컸다.

일장기 말소 사건의 영향

그러나 이렇듯 고양된 민족의식은 식민지 조선에서 센세이셔널한 사건을 일으킨다. 이른바 일장기 말소 사건이다.

8월 25일 자 《동아일보》 석간에 실린 손기정의 사진은 가슴팍에 달린 국기가 가공, 수정됨으로써 히노마루가 보이지 않도록 지워져 있었다. 운동부 기자 이길용을 중심으로 한 여러 명(8명이 구속되었다)의 《동아일보》 관계자들에 의해 이루어졌는데, 이는 영웅 손기정의 우승을 제국 일본으로부터 조선 민족에게 되돌리려 한 것이었다. 이 행위는 식민 지배에 대한 저항을 표현함으로써 제국 일본의 '영웅'을 조선 민족의 '영웅'으로 되찾아 나가려는 것이었다.

이 사건은 당시 손기정에게 힘든 상황을 가져왔다.

그 결과 손기정은 제국 일본 내에서 조선총독부를 중심으로 하는 식민 권력의 경계 대상이 되어, 특고(特高) 경찰[3]에 의해 늘 감시당하는 대상이 되었기 때문이다.

조선에 돌아온 뒤에는 '불법 집회'라는 이유로 모든 집회 참가를 금지당한다. '영웅'은 제국 일본과 조선 민족이라는 상반되는 힘 아래에서 지배와 피지배라고 하는 이율배반적인 세계 속으로 휩쓸리게 되었다. 모든 이에게 칭송받아야 할 영광을 얻었음에도, 영웅은 고뇌와 스트레스에 시달리게 된다.

머리말에서도 언급한 바와 같이 이 책은 올림픽이라는 빅 스포츠 이벤트를 통해 제국 일본과 조선 민족의 영웅이 된 손기정에 주목한다. 영웅은 고뇌와 더불어 존재했다. 손기정의 영광과 고난의 생애사를 마주하는 일은 스포츠 영웅 손기정 개인에 대한 이해에만 그치지 않는다. 그가 살았던 시대의 상황을 봄으로써 국가를 배경으로 영웅과 권력이 복잡하게 얽혀 있는 세상을 만날 수 있으리라.

---

[3] '특별고등경찰'의 줄임말. 1911년에 설치되어 1945년 제2차 세계대전 패전까지 사상범 단속 업무를 담당했던 일본의 경찰. 전국적으로 설치되어 국민의 사상, 언론, 정치 활동을 통제했으며, 식민지 조선에서도 독립운동을 탄압했다.

제1장

마라톤에서의 약진: 1909-1932년

압록강 변에서: 스케이트화에 대한 동경

국경 도시 신의주에서 태어나다

초대 한국 통감 이토 히로부미(伊藤博文)는 1909년 1월 30일 신의주를 방문했다. 대한제국 황제 순종의 북방 순행에 동행하여 이 지역에 발을 디딘 것이다. 신의주에 살던 일본인과 한국인들은 이들을 위한 환영회를 개최했다. 그 자리에서 이토는 신의주의 향후 발전에 대해 다음과 같이 말했다.

> 이곳이 장래 발전함에 있어서, 안봉(安奉)[1] 철도가 성취됨으로써 청한(淸韓) 양국의 이 지방의 발전, 아니 오히려 청국 동삼성(東三

---

1) 안동(安東)과 봉천(奉天)을 연결하는 철도. 안동과 봉천은 각각 현재 중국 랴오닝성(遼寧省)의 단둥(丹東)과 선양(瀋陽)을 일컫는 식민지 시기의 옛 지명.

省)의 발전 여부에 의해 이곳의 성쇠가 좌우된다고 보아도 무방할 것이다. 이미 이곳과 안동 현 사이의 가교 설치가 결정되고 안봉철도 역시 개축 공사에 들어가려 하는 오늘날에 이르러서는 이 안봉선과 경의선과의 연락에 의해 발전을 기대할 수밖에 없다고 생각된다.
— 「신의주의 경제적 지위」, 『이토 히로부미 전집』 제2권

신의주는 중국과의 국경을 따라 위치한 도시이다. 두 나라의 국경에는 압록강이 있는데, 멀리 북쪽 백두산에서 시작되는 물줄기는 유유히 서해까지 흐른다.

이 압록강에 이토가 "안동 현 사이의 가교 설치가 결정"되었나고 했던 그 압록강 철교가 2년여에 걸쳐 1911년 11월에 준공되었다. 길이는 3,098척(약 938.78미터, 자료에 따라서는 944미터)으로 당시 '동양 최대 규모'의 교량이었다.

신의주와 중국의 안동이 이 다리로 연결되었을 때, 이토는 하얼빈에서 안중근의 총탄에 맞아 이미 세상을 떠났다. 그 뒤 1910년 8월 대한제국은 일본에 합병되고, 조선반도에서 일본의 식민지 통치가 시작된다.

손기정은 압록강 철교가 개통된 지 약 1년 후인 1912년 10월 9일(음력으로는 8월 29일)에 신의주에서 태어났다. 1912년은 일본이 처음으로 올림픽에 참가한 해이기도 하다. 손기정이 태어나기 석 달 전 스웨덴 스톡홀름에서 올림픽이 열렸는데, 육상 100미터·200미터·400미터 경주에는 미시마 야히코(三島弥彦)

가, 마라톤에는 가나쿠리 시소가 출전했다. 일본 스포츠가 올림픽이라는 국제 무대에 한 걸음을 내딛는 획기적인 시기였다.

손기정은 이 압록강 변에서 자랐다. 손기정이 태어날 무렵 신의주는 이토 히로부미가 말했듯 압록강 철교 개통으로 경의선(경성-신의주)과 안봉선(안동-봉천)을 연결하는 중요한 거점이 되었고, 안동과의 경제적 교류를 통해 발전하는 도시로 변모하고 있었다.

철교를 오가는 사람들, 신의주역을 지나가는 증기 기관차, 마을에 세워지는 새로운 서양식 건축물, 오지(王子) 제지의 대공장, 압록강으로 흘러 들어오는 목재를 제재하는 영림서(營林署) 등, 신의주 시가지가 활기차게 변화하는 모습을 손기정은 온몸으로 느끼며 지냈을 것이다.

얼음의 세계와 빈부의 차이

손기정의 생가는 신의주의 남민포동이라는 곳으로 압록강 제방 안에 있는 마을이었다. 아버지 손인석은 잡화점을 운영했고 어머니 김복녀는 일용 잡화를 머리에 이고 행상을 하며 가계를 도왔다. 손기정은 4남매 중 막내로 태어났다. 여섯 식구가 근근이 입에 풀칠만 하는 정도의 생활이었다고 한다. 이토록 가난한 삶은 그의 인생에 그림자를 드리운다.

신의주의 겨울은 매우 춥다. 기온이 영하 20도를 밑돌면 압록강은 천연 아이스링크로 변한다. 당시 압록강은 평균적으로 11월 30일경에 결빙하고 3월 16일경에 해빙되었다고 한다. 따라서 약 석 달 반에서 넉 달 동안은 얼음으로 뒤덮인 세상이었다.

얼어붙은 압록강은 안동과 신의주를 자유롭게 왕래할 기회를 주었고, 사람들은 안동에서 구한 물품을 썰매에 싣고 신의주로 운반할 수 있었다. 게다가 천연 아이스링크는 최고의 놀이터이기도 해서 안동과 신의주 사람들은 얼어붙은 압록강 위에서 스케이트를 즐겼다. 다만 스케이트를 즐기기 위해서는 스케이트화가 필요했는데, 스케이트화의 소유 여부는 빈부의 차이를 드러내는 바로미터 중 하나였다.

> 나는 언제나 그 날씬하고 멋진, 번쩍이는 그런 스케이트가 타고 싶었다. 그러나 가난한 우리 집 형편으론 어림도 없는 일이었다. 넓적한 쇠붙이를 주워 대장간에서 두들기고 갈아서 나무판에 붙여 신발에 매고 달리는 게 나 같은 가난뱅이 아이들이 할 수 있는 스케이팅이었다. 제대로 만든 롱 스케이트를 타고 씽씽 미끄러져 가는 녀석들의 꽁무니도 따라잡기 힘들었다. 분통 터지는 노릇이었다.
> ─『나의 조국, 나의 마라톤: 손기정 자서전』

얼음의 세계에서 손기정은 자신의 처지를 뼈저리게 느꼈다. 압록강의 스케이트는 어린 시절의 고향을 떠올리게 하는 그리

움 가득한 스포츠였으나, 그와 동시에 가난을 떠올리게 하는 스포츠이기도 했다.

그 당시 손기정의 생활 속에서 가난을 생각하지 않아도 되는 스포츠는 경주, 곧 달리기였다.

> 소비조합 같은 데서는 회비를 거두어 이발기계, 양초 등 일용품 외에 테니스 라켓 같은 운동용품을 구입 상품으로 내걸어 달리기 대회를 열곤 했다. 경주에서 누구든 이기면 그 마을에서 일등이라고 칭찬이 자자했다. 그러다 보면 마을마다 경쟁이 붙어 마을 대항전까지 벌어지는 것이었다.
> 아이들끼리도 어른들을 졸라 타낸 용돈을 모아서는 이것저것 상품을 사 놓고 내기 운동을 하는 게 유행처럼 되었다. 나도 아버지가 벌여 놓은 가게에서 몰래 빼낸 잔돈을 모아 노트, 고무지우개, 습자지 등등 상품을 걸고 아이들과 달리기 내기를 자주 했다. 달리기엔 별로 지는 일이 없어서 내가 준비한 상품들은 도로 내 차지가 되기가 일쑤였다.
> ─『나의 조국, 나의 마라톤: 손기정 자서전』

1908년의 통계에 따르면 신의주에는 4,423명의 일본인 입식자(入植者)가 있었는데, 그 후로도 점차 증가하여 1930년에는 8,316명에 이르렀다. 첫머리에서 이토 히로부미가 예상했던 대로 압록강 철교 부설로 신의주의 발전이 실현되자 산업의 진흥은 일본인 입식자를 증가시켰고, 신의주에 사는 조선인 사이에서도 부의 축적이 진행되어 경제적 격차를 낳기 시작했다. 큰 경제적 격차를 낳았다는 점에서 볼 때, 그것은 식민지 조선에 있어서 근대화의 굴절이었다고 할 수도 있다.

어린 시절의 손기정이 느끼고 있었던 것은 부유한 타자와 대비되는 자신의 가난함이었다. 아마도 당시 손기정은 일본의 식민 통치에 의한 근대화 정책이 그의 삶의 가난을 더욱 두드러지게 했다고 느끼지는 않았을 것이다. 오히려 달리기를 통한 자아실현과 우월감이 그의 정체성을 확고하게 하고 있었다.

압록강 유역에서 달리기

손기정이 여덟 살 때부터 다녔던 약죽(若竹)보통학교는 신의주역에서 그리 멀지 않은 곳에 있었다. 역에서 내려 앞으로(남쪽 방향) 가면 왼편에 신의주고등보통학교가 있고, 거기서 조금 더 남쪽으로 걸어가면 손기정이 다녔던 보통학교가 있었다. 집에서 약 2킬로미터 떨어진 곳에 있는 학교까지의 길을 달려서 통학하는 것이 손기정의 일과였다.

달리기를 좋아했던 손기정은 학교로 가는 통학로뿐만 아니라 압록강 변의 모래밭과 둑을 달리며 만족스러운 일상을 보내고 있었다. 옷은 지저분해지기 일쑤였다. 손기정에게 당시 '달리기'는 놀이에 가까웠다. 어머니는 손기정이 달리기 하는 것을 좋아하지 않았다. 그래서 손기정에게는 달리기 힘든 여성용 고무신을 주었다.

> 신의주에서도 부잣집 아이들은 자전거로 통학했다. 책 보따리를 자전거 뒤에 매달고 신나게 페달을 밟아 달려가는 것이었다. 여자 고무신에 새끼줄을 묶고 달리는 내 곁을 녀석들은 여봐란듯이 휙휙 지나쳤다. 은근히 화가 치밀었지만 붙잡고 싸울 수도 없는 일이었다.
> ─『나의 조국, 나의 마라톤: 손기정 자서전』

여자용 고무신을 준 어머니에 대한 원망이 아니라, 자신의 처지와는 달리 자전거를 타는 부유한 타인에 대한 원망이 손기정에게 있었다. 보통학교는 조선인 아이들이 다니는 학교이다. 그 때문에 여기서 손기정이 말하는 자전거를 탄 이는 일본인이 아닌 조선인일 것이다. 신의주에 사는 일본인 아이들은 약죽보통학교와는 1킬로미터 정도 떨어진 신의주 소학교에 다니고 있었다. 손기정의 원망하는 눈빛은 한편으로 부러움의 눈빛이기도 했다.

안동과 신의주의 대항 육상 경기

압록강은 신의주에 혜택을 가져다주는 큰 강이었지만, 큰비가 내리면 마치 용처럼 범람했다. 1926년 8월, 폭풍우가 서북 지방을 덮쳤다. 홍수가 난 압록강의 물이 범람해서 신의주로 흘러 들어왔다. 기록에 의하면 이때 373가구(그중 조선인 가옥은 179가구)가 침수했다고 한다. 이 침수된 가옥 중에 손기정의 집도 있었다. 수해의 영향으로 집안 형편이 더 어려워져서, 당시 만 13세였던 손기정도 어머니와 마찬가지로 행상을 하며 돈을 벌어야만 했다. 학교에 다니면서도 방과 후에는 행상 일을 했다고 한다. 신의주에서는 1927년, 1929년, 1932년에도 홍수가 발생했다.

한편, 이 시기에 손기정의 육상 선수 인생에서 중요한 만남과 사건이 있었다.

그 만남이란 학교 담임 선생님인 이일성과의 만남이었다. 이일성은 육상 선수로서, 5천 미터와 1만 미터 종목의 평안북도 대표 선수이기도 했다. 손기정의 소질과 재능을 알아본 이일성은 손기정에게 달리기 지도를 했다. 무작정 달리는 것이 아니라 육상 선수로서 달리는 방법을 실제 경기를 아는 사람에게 배울 수 있었던 것은 손기정에게 행운이었다.

한편, 사건이라 함은 1923년부터 시작된, 국경을 접하고 있는 중국 안동과의 이웃 도시 간 육상 대항전, 곧 안의(安義) 대항 육상경기대회에 손기정이 5천 미터 대표 선수로 출전해 2위를 기록한 것이다. 홍수가 발생한 지 두 달 뒤의 일로, 당시 손기정은 보통학교 5학년이었다. 사료로 확인할 수 있는 손기정의 첫 공식 대회 기록이다. 손기정은 당시 만 14세였는데, 이는 베를린 올림픽에서 금메달을 따기 딱 10년 전의 일이다.

　압록강을 사이에 두고 인접한 안동과 신의주는 경제적으로 밀접한 관계를 맺고 있었고, 두 도시 사이에는 사람들의 교류도 왕성했다. 특히 스포츠는 문화적 교류로서의 의미가 있었다. 스포츠 경기 중에서도 야구, 육상, 스케이트 종목의 교류 시합과 교류 대회가 활발하게 열리고 있었다.

　안동역에서 진쟝산(錦江山)[2] 방면으로 향하다 보면 앞쪽 진쟝산 기슭에 남만주철도주식회사(만철, 滿鐵) 사택이 늘어서 있고, 그 사택 아래쪽에 안동의 만철 운동장이 조성되어 있다. 안동과 신의주의 야구 교류전은 이 운동장에서 행해졌다. 다만, 이때의 야구는 모두 일본인 선수들이 하는 스포츠였다. 그런 점에서 육상과 스케이트 경기가 이 지역 대회의 흥을 돋우었다. 이 두 종목 모두 일본인, 조선인, 중국인 등 민족을 불문하고 참가했기 때문이다. 특히 육상 경기는 신의주에서 매우 인기 있는 스포츠였다. 손기정이 육상을 선택하게 된 것은 신의주의 조선인들이 육상 경기에 열광했던 영향이 있었기 때문일지도 모른다.

---

2) 현재의 중국 요녕성 단동시 압록강 북쪽에 있는 산으로, 원래 이름은 진강산(鎭江山). 러일전쟁 이후 일본인이 만주와 조선을 지키겠다는 의미로 붙인 이름이라고 한다.

일본으로: 가미스와에서의 생활

약죽보통학교 졸업을 앞둔 손기정은 진학과 취업 중 하나를 선택해야 하는 상황에 놓이게 되었다. 고향의 신의주상업학교에서 육상부 입학을 권유했다. 손기정은 이 제안에 매력을 느꼈다. 그러나 학비 문제가 있었다. 손기정이 진학을 할 수 있을 정도의 경제적 여력이 그의 집에는 없었다. 어쩔 수 없이 그는 지역에 있는 압록강 인쇄소에 취직했다.

이런 상황에서 일본에 유학을 가 있던 이일성이 신의주로 돌아왔다. 달리고는 싶지만 일을 하다 보니 훈련조차 제대로 하지 못하는 손기정의 의기소침한 모습을 본 이일성은 손기정에게 일본에 가서 일하면서 달리기를 하자고 제안한다. 그는 손기정이 일본에서 일할 직장까지 알선해 주었다.

1928년 여름, 손기정은 가족의 반대를 무릅쓰고 나가노현 가미스와(長野縣上諏訪)로 향했다. 손기정과 마찬가지로 이일성으로부터 일본에서 일하기를 권유받은 계광순도 함께였다. 당시 신의주에서 도쿄까지 가는 데 이틀 정도 걸렸으니, 나가노까지 가는 것도 이틀 정도 걸리는 짧은 여행 느낌이었을 것이다. 도중에 전국 중등학교 우승 야구대회[하계 고시엔(甲子園) 대회]에서 우승한 마쓰모토(松本)상업고등학교[지금의 마쓰쇼가쿠인(松商學園) 고등학교]의 응원단과 같은 열차를 탔는데, 그들의 기쁨에 찬 모습을 보면서 손기정 역시 육상에서 이 같은 영광을 누리고 싶다는 갈망을 느꼈다고 한다.

가미스와에 도착한 손기정은 코마쓰(小松)라는 사람이 운영하는 기모노 가게에서 일하게 되었다. 말하자면 견습사원인 셈인데, 기모노도 낯설거니와 일본어도 서툴러서 처음에는 손님을 맞이하여 응대하는 데 어려움을 겪었다고 한다. 다만, 아침과 저녁에는 훈련할 여유가 있어서 순조롭게 일본 생활이 시작되는 듯이 보였다.

하지만 기모노 가게 일이 익숙해질 무렵에 가게의 경영이 어려워지기 시작해서 겨울에 접어들자, 주인 고마쓰는 가게를 닫고 식당을 새로 차렸다. 손기정 역시 고마쓰가 경영하는 식당에서 일할 수밖에 없었다. 식당에서는 밤늦게까지 소바나 우동 배달 같은 것을 해야 했으므로 육상 훈련은 점점 어려워졌다. 이 지경이 되자 기대했던 생활과는 거리가 멀어져 손기정의 마음에는 먹구름이 드리워졌다.

신의주만큼은 아니지만 나가노의 겨울도 춥기는 마찬가지였다. 겨울에는 부근의 스와코(諏訪湖) 호수가 얼어붙어 아이스 스케이팅이 활발하게 이루어졌다. 손기정도 스와코에서 스케이트를 즐겼다. 트레이닝을 겸해 아침 일찍부터 스케이트를 탔다.

그러나 식당 일이 너무 고되어서 손기정은 좌절감을 느끼고 신의주로 돌아가기로 결심하게 된다. 일본에서의 생활은 생각했던 것과 달랐기에 이일성에 대한 원망도 있었다. 다만 이 가미스와 행이 나중에 손기정을 달리기라는 세상으로 돌아오게 하는 계기가 된다.

명문 양정고보에:
'반도의 올림픽'에서의 활약

광주학생운동의 바깥에서

손기정의 연보를 보면 취업을 해야 했던 1928년부터 2년간은 선수 생활 중 육상과 가장 거리가 먼, 고된 나날이었다는 것을 알 수 있다. 그러나 다른 한편으로는 이때 고등보통학교 같은 곳에 진학하지 못했던 것이 운동을 지속하는 데는 행운이기도 했다.

손기정이 고등보통학교를 다니지 못한 시기에 식민지 조선에서는 광주학생운동이 일어났다. 1929년 11월 광주에서 시작된 이 학생 운동은, 10월에 나주역에서 일본인 학생이 조선인 여학생을 괴롭힌 것이 계기가 되어 큰 규모의 반일 운동으로 바뀌었고, 전국의 조선인 학생들이 고무되어 항의하는 시위

운동과 동맹 휴학 등이 활발하게 이루어졌다. 민족의식이 강한 많은 조선인 학생들이 이 학생 운동으로 인해 퇴학 처분을 받아 학업과 스포츠의 기회를 잃게 된 것이다.

베를린 올림픽 일본 대표로 선발된 축구선수 김용식도 이 중 하나였다. 당시 경신학교 축구부 소속의 김용식은 경신을 경성의 축구 강호로 만든 주역이었지만, 학생 운동에 참여했다는 이유로 퇴학 처분을 받았다. 또한 당시 경성에 있으면서 리쓰메이칸(立命館) 대학에서 고슈류(剛柔流) 가라데를 배우면서 이시하라 간지(石原莞爾)[3]가 주창한 동아연맹운동에 눈을 뜬 조영주 역시 이 시기 학생 운동의 좌절을 계기로 일본으로 건너갔다.

식민지 조선에서 학교 교육을 받을 수 있었던 조선인 중 대다수는 부유층의 자녀들이었다. 앞에서 보았듯이 집이 가난한 손기정은 취업을 해야 했기에 진학이 불가능했다. 손기정의 활약은 이 학생 운동이 수그러들 무렵에 시작된다.

어쨌든 일본에서 신의주로 돌아온 손기정은 동익상회[同益商會, 나중에 안동에서는 동익공사(同益公司), 자료에는 안동거래소라 되어 있다]라는 곡물 도매상에 취직한다. 일에 익숙해지자 훈련을 재개했다. 손기정은 늘 익숙하게 달리던 신의주의 야산과 압록강 유역을 다시 달리기 시작했다.

---

[3] 일본 야마가타현(山形縣) 출신의 육군 군인으로, 관동군 참모가 되어 만주사변(1931)을 일으키고 만주국 건설을 주도한 인물이다. 아시아주의와 니치렌(日蓮)주의의 영향을 받아 '세계최종전론'을 주장했으며, '동아연맹'을 주창했다.

영광의 시작

차분한 환경에서 일할 수 있게 되어 훈련에 매진하기 시작하자 그 성과가 차츰 드러나기 시작했다. 자서전 『나의 조국, 나의 마라톤』에 따르면, 그 시작은 그가 열일곱 살이던 1930년 신의주 부내에서 개최된 지역 대항 운동회였다고 한다.

신의주에서 출발해 의주까지 가는 길의 중간 지점을 돌아오는 왕복 코스로, 주행거리가 40리(약 16킬로미터)인 장거리 경기에 출전해 우승을 차지하고 쌀 한 가마니와 목면 두 필을 상품으로 받았다고 한다.

이 시기 손기정이 신의주 내의 각 대회에 출전해 활약한 것은 사실일 것이다. 그러나 신의주 내에서의 활약은 자서전에 기록된 1930년부터가 아니라 아마도 1929년부터였던 것 같다. 확인할 수 있는 사료가 없기 때문에 확실하지는 않지만, 그 이후의 전개로 볼 때 귀국한 1929년 가을부터 성과를 내기 시작했던 것으로 보인다. 왜냐하면 손기정은 1930년 가을에 이미 전 조선에서 활약할 기회를 손에 넣었기 때문이다. 자서전에 기록된 1930년과 1931년에 관한 서술은 사실 관계가 혼란스럽다. 여기서는 베를린 올림픽의 영광으로 나아가기까지의 상황을 정리해 두고자 한다.

손기정이 나가노현 가미스와에서 신의주로 귀향한 뒤 동익상회에서 일을 하면서 육상 경기 대회에 출전한 것을 확인할 수 있는 최초의 기록은 1930년 9월 8일의 것이다. 손기정은 이해 제6회 조선신궁경기대회(대회 명칭이 해마다 바뀌기 때문에 이하에서는 '조선신궁대회'로 통일) 출전 예선을 겸한 평안북도체육협회 주최 평안북도 육상선수권대회 5천 미터 달리기에 출전해 우승한다. 지방 예선을 통과한 손기정은 평북 대표가 되어 경성에서 열리는 조선신궁대회에 출전하게 되었다. 이 평북 대회 예선의 기록은 17분 14초 1. 2위는 백원신이 차지했는데, 두 사람 모두 평북 대표로 조선신궁대회 출전권을 획득했다.

이 조선신궁대회는 1925년부터 '반도의 올림픽'으로 개최된 조선 최초의 종합경기대회로서, 메이지 천황과 아마테라스 오가미(天照大神)[4]를 모신다는 의미가 있었기 때문에 제국 일본을 상징하는 대회이기도 했다. 선수들 입장에서는 조선신궁대회에서 좋은 성적을 거두면 일본의 메이지신궁경기대회(전년도인 1924년부터 개최, 대회 명칭이 해마다 바뀌기 때문에 '메이지신궁대회'로 통일)에 참가해 제국 일본 최고의 선수를 목표로 할 수 있었다. 또한 메이지신궁대회에서 우수한 성적을 거두면 그 끝에는 국제 경기대회의 최고봉이라 할 수 있는 올림픽에 일본 대표로 참가할 길도 열리게 된다.

이들 '신궁대회'는 예선(주변)에서 본선(중앙)에 이르기까지 제국 일본의 판도에 포함된 지역의 선수·임원·관객·자원봉사자·조직의 상당수를 '신궁대회'로 동원했다. 이를 통해 제국

---

[4] 일본 신화에 나오는 태양신. 일본 황실의 조상신으로 이세(伊勢) 신궁에 모셔져 있다.

일본에 대한 일체감을 불러일으키고, 제국의 중심과 주변을 연결하는 스포츠 이벤트로도 기능했다.

그 중심으로 연결되는 대회로 조선에는 조선신궁대회가 있었다.

5천 미터 달리기에서 정상에 서다

1930년 10월 17일 손기정은 이 조선신궁대회에 처음으로 출전한다. 그가 출전한 종목은 청년부 5천 미터 달리기였다.

이 대회의 종전 조선 신기록은 16분 32초였는데, 평안남도 대표로 출전한 변용환이 16분 5초라는 뛰어난 성적으로 조선 신기록을 세우며 우승했다. 손기정은 최선을 다했지만 변용환에 이어 2위로 골인했다. 손기정과 함께 평북 대표로 출전한 백원신은 3위를 차지했다.

손기정은 자서전에서 이때의 일을 이야기하면서 변용환이 15분대를 끊었다고 하면서 이 대회를 1931년 11월에 개최된 것으로 적고 있지만 이는 잘못된 기억이다. 참고로 변용환은 일반부 5천 미터 달리기에도 출전해 16분 39초로 우승했고, 일반부 1만 미터에도 출전해 경성의 김은배에 이어 2위를 차지했다.

그렇다면 손기정이 연도를 착각한 시기에는 도대체 무슨 일이 있었던 것일까?

이듬해인 1931년에도 손기정은 조선신궁대회 평북 예선에 출전했다. 이 예선은 9월 20일에 열렸는데, 손기정이 출전한 종목은 역시 5천 미터 달리기였다. 그는 이 종목에서 17분 9초 6의 기록으로 우승하며 평북 대표로 선발되었다. 이어 10월 17일에 열린 제7회 조선신궁대회 육상 경기 5천 미터 달리기에서 예선 성적보다 1분가량 앞당긴 16분 18초 4의 뛰어난 기록으로 우승했다. 일반부가 아닌 청년부에 출전했지만, 5천 미터 달리기에서 조선 정상급 수준의 선수가 된 것은 틀림없다.

1931년 11월에는 일본에서 제6회 메이지신궁대회가 열렸다. 손기정에게는 1930년과 1931년의 사건이 서로 뒤섞여 있다.

이듬해인 1932년 3월 손기정은 고려육상경기회가 주최하는 제2회 경영(京永) 마라톤대회에 출전했다. 경영 마라톤은 손기정과 밀접한 관계를 맺게 될 동아일보사의 후원으로 개최되던 마라톤 대회로, 경성과 영등포 사이를 왕복하는 장거리 경주였다. 제1회 대회는 1931년에 개최되어 양정고등보통학교(이하 양정고보)의 김은배가 우승한 바 있다.

그동안 청년부 대회에 출전했던 손기정이었기에, 비록 손기정 본래의 마라톤 주행 거리는 아니었지만, 경영마라톤대회 참가는 그가 일반부로 출전한 최초의 공식 경기 기록이 되었다. 조선신궁대회에서 패배한 변용환에게 또다시 패한 결과였지만, 2위라는 성적을 남겼다. 1930년대 초반 손기정의 이 같은 활약은 조선의 육상 경기 명문 양정고보 입학으로 이어지게 된다.

명문 양정고보 육상 경기부 가입

1932년 4월 손기정은 경성에 있는 양정고보에 입학한다. 그의 나이 이미 19세의 일이었다.

자서전에 따르면 손기정의 양정고보 진학은 동향 신의주의 육상 선수였던 황대선의 주선에 의한 것이라 한다. 손기정의 기억에 따르면 황대선은 앞에서 언급한 광주학생운동에 참여했다가 신의주고보를 퇴학당하고 양정고보로 전학한 것으로 되어 있다. 그러나 황대선은 양정의 육상부 선수로 1927년부터 각종 대회에서 활약하고 있었고, 1929년에는 이미 양정고보를 졸업했다. 따라서 황대선을 학생운동과 연결 짓고 있는 그의 기억에는 오류가 있어 보인다.

한편, 손기정을 인터뷰한 뒤 집필한 가마타 다다요시(鎌田忠良)의 『일장기와 마라톤』에는 손기정이 경영마라톤을 관전하던 양정고보 육상부 감독 서웅성의 눈에 띄어 양정고보 진학 권유를 받았다고 적혀 있다. 어느 쪽의 기억이 옳은지는 알 수 없지만, 3월에 열린 경영마라톤에서 2위를 기록한 것이 손기정의 양정고보 입학에 힘을 실어준 것은 확실한 듯하다. 그의 뛰어난 신체 능력을 육상 명문이 인정한 것이다.

손기정이 입단한 양정고보의 육상부는 당시 조선 육상계의 강호였다. 손기정이 양정고보 육상부에 가입하기 전인 1929년부터 1931년까지 양정고보는 일본의 간사이 대학이 주최한 오사카-고베 사이를 달리는 전국 중등학교 오사카-고베간 대역전경주대회(한신역전)에서 3연패를 달성하는 등, 그 활약은 조선뿐만 아니라 일본에도 널리 알려져 있었다.

이 양정고보 육상부의 초석을 다진 이가 미네기시 쇼타로(峰岸昌太郎)이다. 미네기시는 일본체육회 체조학교[지금의 니혼(日本)체육대학]를 1917년에 졸업하고, 1921년에 조선의 양정고보에 부임하게 된다. 교사로 근무하면서 양정고보의 운동부장을 겸임했고, 육상부 부장이 되어 양정고보 육상부를 창설하고 양정고보를 조선 유수의 육상 강호로 이끌었다. 『양정체육사』에는 미네기시가 부임했을 때의 일이 다음과 같이 기록되어 있다.

> 1921년 4월 20일 본교에 부임한 일인 교사 미네기시 쇼타로 선생은 커다란 흥미와 기대를 가지고 양정 체육의 기반를 다지기 위해 의욕적인 지도에 나섰다. 본교는 초기에 주로 정구만이 약간의 활약을 보였었는데, 1921년 신학기를 맞아 미네기시 선생의 부임을 계기로 육상경기부와 야구부가 생겨 본격적인 체육활동을 시작하였다. 특히 육상경기부는 2, 3년 동안에 비약적인 발전을 거듭하여 1923년 11월 8일 연희전문학교 주최, 동아일보사 후원으로 열린 제2회 전조선중등학교 대항 육상경기대회에서 본교가 우승하는 쾌거를 기록하기에 이르렀다.
>
> ─『양정체육사』

교사로서도 운동부장으로서도 미네기시가 양정고보의 스포츠 활동에 미친 영향은 크다. 정규 과목 이외의 활동에 공헌한 미네기시는 양정고보에서 10년 정도 근무하다가 1931년 5월에 돌연 사직하고 조선체육협회 주사(主事)로 취임했다.

그가 양정고보를 그만둔 이유는 잘 알려지지 않았다. 다만 체육회 일도 1년 2개월 정도 하다가 그만두고 만주의 신경으로 갔다고 한다. 아마카스 마사히코(甘粕正彦)[5]가 사장으로 근무하고 있을 무렵의 대동공사에서 일했다는 이야기도 있으나 확실하진 않고, 만주로 건너간 후의 행적도 분명하지 않다.

따라서 손기정이 양정고보에 입학했을 때 미네기시는 이미 양정고보에 없었다. 손기정은 미네기시의 지도를 받을 기회가 없었지만, 그가 입단한 양정고보 육상부에는 미네기시의 지도를 받은 선배들이 있었다. 그중에서도 김은배와 남승룡은 손기정과 마찬가지로 세계 무대에서 활약하게 된다.

일본 역전대회에서의 우승

손기정이 양정고보 육상부에 입단한 지 얼마 지나지 않은 4월 3일, 제3회 경인역전경주대회가 열렸다. 손기정은 이 역전대회에 제

---

[5] 센다이(仙台) 출신의 일본 육군 군인으로, 1923년 관동대진재 당시 사회주의자를 살해한 사건(아마카스 사건)을 일으켜 10년 징역을 선고받은 뒤 가석방되었다. 이후 만주로 건너가 만주국 건국에 관여했고, 1939년에는 만주영화협회 이사장으로 취임했다. 일본의 패전 직후인 1945년 8월 자살했다. 영화 〈마지막 황제〉에 그를 모델로 한 인물의 자살이 그려진다.

4구간의 주자로 출전했다.

양정고보의 팀 멤버는 1구간 남승룡, 2구간 조인상, 3구간 함병문, 4구간 손기정, 5구간 류해붕, 6구간 김은배로 구성되어 있었다. 훗날 올림픽에서 활약하게 될 선수가 세 명이나 역전 멤버에 포함되어 있었다. 이 멤버로 대회에 나선 결과, 양정고보는 대회 최고 기록을 경신하며 우승했다. 손기정은 바로 2주 후 도쿄에서 개최되는 제13회 전국 중등학교 역전대회의 멤버로도 선발되어 일본 원정길에 오른다. 손기정은 여기에서 도쿄-요코하마 구간을 달리는 역전대회 제5구간을 맡는다.

> 입학한 지 불과 15일 만에 도쿄-요코하마 간 역전 경기에 출전한 나는 제5구간을 구간 신기록을 세우며 달렸다. 그리고 나의 바통을 이어받은 마지막 주자 류해붕 주장은 일본의 이십여 팀을 제치고 신기록을 세우며 우승했다. 그 후 귀국할 때 서울역(당시에는 경성역) 앞의 환영이 또 대단했다.
> ──『일장기와 마라톤』

양정고보 육상부는 이 대회에서도 보란 듯이 우승을 차지하며 육상 강호로서의 면모를 제국 일본 전역에 알렸다. 손기정 역시 제5구간의 구간 신기록을 세우는 쾌속 질주로 우승에 기여했다. 입단한 지 얼마 되지 않은 신인이 조선 대회에서도 일본 대회에서도 큰 활약을 펼친 것이다.

양정고보 육상부의 활약을 통해서 볼 수 있듯, 스포츠에서의 승부는 지배나 피지배와는 관계없이 오로지 결과만이 순수하게 나타난다. 그 승리는 식민지 지배를 견뎌내야 하는 사람들에게는 헤아릴 수 없을 만큼 큰 의미가 있었다. 양정고보의 승리는 조선인에게 조선 민족의 정체성을 확인하고 민족의식을 고취할 좋은 기회이기도 했다.

경성역에서 양정고보 선수들의 개선을 맞이하는 사람들은 승리의 기쁨과 응어리진 감정의 분출을 억누를 수 없었다. 손기정은 양정고보에 입학한 뒤로 이를 절실히 느낄 수 있는 환경에 있었다. 그는 교육·도시(근대성)·스포츠·민족이 밀접하게 연결되는 지점에 서 있었던 것이다.

양정고보 입학으로 손기정의 생활권 역시 신의주라는 지방 도시에서 경성이라는 중앙 도시로 바뀌었다. 이 같은 생활권의 전환은 중요하다. 손기정은 경성에서 모던한 사상과 문화를 향유할 기회를 얻게 된다. 그것은 한편으로 제국 일본이라는 거대한 시스템의 톱니바퀴 속으로 편입되는 것이기도 했다. 양정고보 입학은 영광의 시작인 동시에 피할 수 없는 운명의 시작이기도 했다.

김은배와의 양자 대결

손기정이 양정고보에 입학했을 즈음 양정고보뿐만 아니라 조선 육상계에서 주목받는 선수로 김은배가 있었다. 미네기시 쇼타로는 김은배의 달리기 재능을 알아차렸다. 김은배는 미네기시가 감독으로 있는 동안 달성한 전국중등학교 오사카-고베간 대역전경주대회 3연패의 위업에 관여했고, 1930년과 1931년도에는 마지막 주자로서 팀에 기여했다. 미네기시의 양정고보 육상부 지도 경력 가운데 그가 가장 기대를 하고 가장 신뢰했던 사람이 바로 김은배였다.

김은배는 형 김진배가 양정고보 육상부에 소속되어 있었던 까닭으로 1928년 경신학교에서 양정고보로 전학해 육상부에 들어갔다. 입단 후에는 미네기시에게 그 능력을 높이 평가받아 엄격한 지도를 받으면서 실력을 키워 나갔다. 5천 미터 달리기, 1만 미터 달리기에서는 조선의 여러 대회에서 우승과 입상을 했고, 마라톤에서는 1931년 5월에 개최된 제1회 경영마라톤에서 우승했다. 또한 10월에 열린 제7회 조선신궁대회의 마라톤에서는 당시 세계 최고 기록인 2시간 26분 12초를 기록하며 우승했다.

이 기록은 비공인 기록으로 간주해 세계 최고 기록으로 인정받지는 못했으나, 10월 20일자 《동아일보》에 「김은배(양정)군 마라톤에 세계공인기록 돌파」라는 제목으로 대대적으로 보도되면서 김은배는 마라톤 조선 신기록을 달성한 장거리 주자로서 조선의 기대주가 되어 있었다.

손기정은 이 김은배와 양정고보 육상부에 입단한 지 한 달여 만에 직접 대결하게 된다. 제13회 전국중등학교역전대회가 끝나고 경성으로 돌아온 다음 달인 1932년 5월의 일이었다. 이

해에 제10회 올림픽 경기대회가 미국 로스앤젤레스에서 개최되기 때문에 일본 대표 선수를 결정하는 선발전이 도쿄에서 개최되었다. 조선에서는 일본에서 열리는 올림픽 선발전 출전권을 놓고 예선이 열렸다. 5월 8일 조선체육협회가 주최하는 '제10회 세계 올림픽 조선 제1차 예선 육상경기대회'라는 명칭의 이 대회에 손기정은 5천 미터 달리기와 1만 미터 달리기에 출전했다.

김은배와 손기정은 1만 미터 달리기에서 대결한다. 김은배는 전년도 조선 신궁대회에서 세운 마라톤 조선 기록이 인정되어 1만 미터 달리기만 출전하기로 되어 있었다. 손기정도 당초에는 5천 미터 달리기만 출전할 예정이었으나, 급거 김은배의 페이스메이커로 1만 미터 달리기에도 출전하도록 요청받았다고 한다. 이 경기의 모습은 다음과 같이 보도되었다.

> 열다섯 바퀴(5백 미터 코스)까지 김은배, 손기정 양군의 불보다 뜨거운 접전을 연(演)하며 일단 손 군 5미터가량 차로 선두를 달리더니 열여섯 바퀴에 와서 김 군 다시 선두를 빼앗아 어깨를 같이 하여 두 바퀴를 돌더니 라스트에 들어가 김 군 스피드를 내어 1착. 손 군 5미터 가량 차로 2착하였다.
> ─《동아일보》, 1932년 5월 9일

손기정은 아쉽게 패했지만 김은배와 호각지세의 실력을 보여주며 1만 미터 달리기에서 2위로 골인했다. 자서전에는 이때

경기를 지켜보던 미네기시 쇼타로가 트랙으로 뛰어나와 "이봐 너무 빠르단 말이야"라며 성난 소리로 외쳤다고 적혀 있다. 손기정은 김은배를 편드는 미네기시에게 위화감을 느꼈고, 당시를 떠올리면 약간의 분노를 느꼈다고 한다.

1만 미터 달리기에서는 아쉽게 2위에 만족해야 했지만, 이어진 5천 미터 달리기에서 손기정은 다른 선수들을 압도했다. 변용환의 조선 기록을 깨트리는 16분 3초 2라는 조선 신기록으로, 1위로 골인했다. 2위는 양정고보 육상부 주장 류해붕이 차지했는데, 류해붕과는 150미터 정도의 차이로 골인했다.

손기정은 이 예선 경기의 5천 미터 달리기에서 1위, 1만 미터 달리기에서 2위를 차지하며 실력을 유감없이 발휘했다. 신의주에서 경성으로 나온 지 불과 한 달 정도밖에 지나지 않은 상태였다.

참고로 이 조선 예선의 마라톤에서 우승한 선수는 권태하로, 2시간 35분 12초라는 좋은 성적이었다. 권태하는 휘문고보를 중퇴하고 일본으로 건너간 뒤 당시 메이지 대학에 다니는 학생이었다. 26세라는 늦은 나이에 마라톤으로 전향한 뒤 뛰어난 성적으로 예선 경기 1위에 올랐다.

조선 예선 경기의 결과, 육상 장거리 종목의 조선 대표로 김은배, 권태하, 손기정 세 사람이 도쿄에서 열리는 로스앤젤레스 올림픽 선발전에 참가하게 된다.

로스앤젤레스 올림픽 대표 선발전

도쿄 메이지 신궁 외원(外苑)에서 제10회 올림픽 대회 전 일본 예선 경기가 개최된 것은 1932년 5월 하순의 일이었다.

손기정은 5천 미터 달리기와 1만 미터 달리기에 등록했는데, 5천 미터 달리기는 5월 28일, 1만 미터 달리기는 5월 29일에 열렸다. 아쉽게도 손기정은 두 종목 모두에서 부진하여 상위권에 진입하는 데 실패한 채로 일본 예선을 끝마쳤다. 자서전에서는 컨디션이 좋지 않았다고 적고 있다. 4월부터 원정과 대회의 연속으로 인해 피로가 극에 달했을 수도 있으리라. 대표 선수가 된다는 것이 얼마나 험난한 일인가를 새삼 실감하는 예선 대회였다.

한편, 마라톤 대표 선발전은 트랙 종목보다 빠른 5월 25일에 열렸다. 메이지 신궁 외원을 출발과 골인 지점으로 하여, 다마가와(多摩川)에 놓인 로쿠고바시(六鄕橋)를 반환점으로 하는 코스였다. 예선을 통과한 25명이 경쟁했다. 이 25명 중에 김은배와 권태하가 있었다. 남쪽에서 불어오는 강한 바람으로 모래먼지가 날리고, 역풍 속에서 달려야 하는 악조건 속의 경기였다. 로스앤젤레스 올림픽 마라톤 경기의 출발 시간이 오후 3시였기 때문에 그에 맞춰 오후 2시 3분에 출발했다.

스즈카모리(鈴ヶ森)까지는 열한 명의 무리가 선두 그룹을 형성했는데, 그 속에 김은배와 권태하가 있었다. 로쿠고가와(六鄕川)의 반환점에서는 선두 그룹이 일곱 명이 되었다. 레이스 막

바지에 권태하가 움직였다. 조조지(增上寺) 부근에서 쓰다 세이치로(津田晴一郎)와 권태하가 선두를 달리던 다카하시 키요지(高橋淸二)를 따라잡기 시작하더니 다메이케(溜池)에서 권태하가 다카하시를 추월하면서 쓰다와의 격차를 100미터 정도로 벌렸다. 선두에 선 권태하는 아카사카미쓰케(赤坂見附)를 지난 언덕에서 스퍼트를 냈다. 뒤에 있던 김은배는 메이지 신궁 외원까지 승부를 걸지 않다가 외원 내 회화관 앞에서 단숨에 속도를 올려서 쓰다를 추월하는데, 다카하시 역시 속도를 줄이지 않고 권태하를 바짝 추격했다.

  종반전에 일찌감치 승부수를 걸었던 권태하가 2시간 36분 50초의 기록으로 1위를 차지했고, 마지막에 속도를 내어 승부수를 건 김은배가 권태하보다 1분 7초 뒤진 2위를 차지했다. 3위는 암스테르담 올림픽 대표이기도 했던 쓰다 세이치로가 차지했다. 이 마라톤 선발전 결과를 바탕으로 30일 대표 선수를 뽑는 회의가 열렸고, 상위 세 명이 로스앤젤레스 올림픽 대표로 결정되었다.

  조선 사람들에게는 첫 번째 올림픽 참가자 두 명이 육상 경기의 꽃이라 할 수 있는 마라톤 종목에 출전하게 된 것은 감격스러운 일이었다. 두 사람이 대표 선수로 결정된 사흘 뒤《동아일보》에는「조선 청년의 세계적 진출」이라는 제목으로 사설이 실렸다.

    5월 25일 동경에서 개최된 세계올림픽대회 전 일본 제2 장거리 예선 및 전일본선수권대회에서 영예의 제1, 제2의 착(着)을 한 조선 청년 권태하 김은배 양군은 예상한 바와 같이 금하(今夏) 미국 서해안 로스앤젤레스에서 개최되는 제10회 세계올림픽대회에 출전 선수로서 지명되었다. 전 일본의 선수가 일장(一場)에 모이는 대회에서 수천 명의 선량(選良)을 압도하고 조선 청년이 제1, 제2의 착을 전부 독점하였다는 것이 이미 조선 청년의 영예거니와 이제 세계의 전 선수가 집합한 세계올림픽대회에 조선 청년이 그 웅자(雄姿)를 나타내게 된 것은 오직 권, 김 양군의 영예일 뿐만 아니라 조선 민족의 광영이라 않을 수 없다. 과거 누세기 간 비록 은둔문약(隱遁文弱)의 폐에 빠져 민족적 위축의 운명에 빠졌다 할지라도 이 같은 숨은 세계적 선수가 있었다 하는 것은 실로 조선 민족의 혈관에 대륙적 민족의 혈액이 뛰어놂을 알 수 있나니 이는 조선의 자랑이요 조선의 영예다.

—《동아일보》, 1932년 6월 2일

    선발전에서 참패를 맛본 손기정에게 이 당시 김은배와 권태하의 모습은 화려하게 비추어졌음에 틀림없다. 그 아쉬움과 갈망이 그를 다음 단계로 이끌었다. 손기정의 도전이 이제 막 시작된 것이다.

제2장

베를린 올림픽의 영광: 1932-1936년

내선융화와 스포츠:
로스앤젤레스 올림픽의 조선인 선수

제국 일본의 1932년

1932년 1월 8일 고지마치구 사쿠라다초(麴町區櫻田町)의 경시청 청사 앞에서 쇼와 천황을 겨냥한 폭탄 테러 사건이 일어났다. 사쿠라다몬(櫻田門) 사건이다.

실행범은 김구가 조직한 한인애국단 소속의 이봉창. 김구의 지시를 받고 상하이에서 일본으로 건너와 범행을 저질렀다. 행차에서 돌아오는 천황의 마차에 폭탄을 던졌으나, 천황이 탄 마차가 아니었고 폭탄의 위력도 약해 암살은 미수에 그쳤다. 체포된 이봉창은 같은 해 10월 대역죄로 사형에 처해졌다.

또한 같은 해 4월 29일 상하이에서도 한인애국단 소속 조선인에 의한 폭탄 테러 사건이 발생했다. 상하이 천장절(天長節)

폭탄 테러 사건이다. 실행범은 윤봉길. 이 사건으로 상하이에 파견되어 있던 육군 대장 시라카와 요시노리(白川義則)가 사망하는 등 다수의 사상자가 발생했다. 사건 후 체포된 윤봉길도 같은 해 12월 이송된 가나자와(金澤)에서 살인·살인미수·폭발물 단속 처벌법 위반 혐의로 사형에 처해졌다.

현재 한국에서는 이들의 행동이 식민지 시기 목숨을 걸고 벌인 항일 운동으로 평가받고 있으며 두 사람은 모두 민족의 영웅으로 찬양되고 있다.

1932년에는 조선인 독립운동과 관련된 사건 이외에도, 2월 9일에는 전 재무상이었던 이노우에 준노스케(井上準之助), 3월 5일에는 미쓰이(三井) 재벌의 단 타쿠마(團琢磨)가 살해되는 등 일본 국내에서 주요 인사들의 암살 사건이 잇달아 일어났다. 이 일련의 사건들을 혈맹단 사건이라 부른다.

혈맹단은 천황 중심의 국가 개조를 목표로 하는 이노우에 닛쇼(井上日召)[1]를 우두머리로 한 우익 운동 단체였다. 세계 대공황 이후 일본 경제의 불안정한 상황과 1920년대부터 이어지는 사회 불안의 고조가 이들의 행동 배경이 되었다. 혈맹단의 행동은 많은 이들의 공감을 얻는 것이기도 했다. 좌익 운동에 감시의 눈을 부릅뜨고 있던 특고 경찰은 국가주의를 표방하는

---

1) 일본 군마 출신의 국가주의자. 혈맹단을 결성하여 국가 개혁을 계획하고, 그 주장을 선전하며, 이노우에 준노스케와 단 타쿠마를 암살했다. 재판에서 무기 징역을 선고받았지만, 사면으로 출소했다. 제2차 세계대전 후 호국단을 설립했다.

우익계 운동 단체의 동정도 예의주시하게 된다.

　이 같은 테러 사건이 일본, 중국에서 산발적으로 일어나는 가운데, 1932년 3월 1일 중국 동북부에 만주국이 탄생했다. 전년 9월에 발발한 만주사변 이후 일본이 점령한 중국 동북부가 그 영역이었다. 3월 9일 청나라의 마지막 황제인 푸이(溥儀)가 집정에 취임했지만, 그 배후에는 관동군이 있었다. 건국했다고는 하지만 이에 대해 중국이 강력하게 항의했으므로, 만주국은 국제연맹을 비롯한 국제 사회의 승인이 필요한 상태였다. 4월에는 국제연맹 조사위원회(이하 리튼 조사단)가 만주사변의 계기가 된 만철 선로 폭파 사건을 조사하기 위해 만주를 방문하게 된다. 관동군과 만주국에 있어 리튼 조사단의 방문은 만주국 건국의 정당성을 호소할 기회였다.

관동군은 여기서 스포츠를 이용한다

관동군 참모부 선전과는 리튼 조사단의 내만(來滿)에 즈음하여 만철 연선의 각 도시에서 건국 기념 연합대운동회를 개최한다. 4월 하순부터 5월 하순경까지 만주 전역의 도시에서 개최하기로 하고, 리튼 조사단이 방문할 가능성이 있는 도시에서는 체류하는 시기에 발맞춰 대회 개최를 계획했다.

　특히 대련, 봉천, 장춘, 하얼빈 등 주요 도시에서는 이틀에 걸쳐 운동회를 개최할 예정이었다. 이러한 운동회를 통해 일본과 만주 사람들의 융화[일만융화(日滿融和)]를 리튼 조사단에게 선전하려 했던 것이다.

다른 한편으로 관동군은 연이어 발생하는 테러에 리튼 조사단이 휘말리지 않도록 배려해야 했다. 리튼 조사단이 만주에 체류하는 도중에 상하이에서 일어난 천장절 폭탄 사건의 영향이 만주까지는 미치지 않도록 경계하면서 조사 추이를 지켜보았다.

리튼 조사단이 몇 개의 도시에서 시찰을 마치고 하얼빈에 머물고 있을 때, 미국에서 온 찰리 채플린이 일본을 방문하고 있었다. 채플린은 5월 15일에 총리 관저에서 열리는 환영회에 초대받았으나 이를 취소하고 스모 경기를 보러 갔다. 마침 그 날 사건이 일어났다.

채플린의 환영회가 연기된 가운데 관저에서 하루를 보내고 있던 총리 이누카이 쓰요시(犬養毅)가 쇼와(昭和) 유신을 외치는 해군 청년 장교들에 의해 암살당한 것이다. 이른바 5·15 사건이다. 일정을 바꾼 덕택에 채플린은 다행히도 화를 당하지 않았다.

로스앤젤레스 올림픽 개최 전인 1932년, 제국 일본에서는 식민지 지배, 1920년대부터 이어진 경제적 피해, 군축(軍縮)을 수용한 정치인들에 대한 불만이 분출하면서 테러 사건이 일어났다.

앞 장에서 다룬 로스앤젤레스 올림픽 1차 예선과 일본에서의 선발전 개최는 이러한 일들이 제국 일본 안에서 일어나고 있는 와중이었다.

조선 민족과 태극기

로스앤젤레스 올림픽 일본 선수단에는 조선인이 네 명 있었다. 마라톤의 김은배, 권태하와 복싱의 황을수, 그리고 대일본체육협회 이사 겸 서무 담당인 이상백이 임원으로 대표단을 수행했다. 이상백의 로스앤젤레스 올림픽 참가는 해방 후 한국 체육계에서 활용되게 된다. 한편 이 당시 일본 대표 중에는 타이완인 장싱셴(張星賢)도 있었는데, 400미터 달리기와 400미터 허들 종목에 선발된 그는 타이완 최초의 올림픽 선수가 되었다. 이처럼 외지(外地)의 선수와 임원이 로스앤젤레스 올림픽 선수단에 들어감으로써 외지까지 포획하는 제국 일본의 스포츠 상황이 나타나기 시작했다고 할 수 있다. 이는 1936년 베를린 올림픽으로 이어진다.

로스앤젤레스 올림픽은 7월 30일 개막했다. 다음날인 7월 31일, 로스앤젤레스의 한인들이 네 명의 조선인들을 위해 환영회를 개최했다. 행사장에는 태극기가 게양되어 있었는데, 김은배는 이때 태극기를 처음 보았다고 한다.

그러나 그들이 가슴에 달고 있는 국기는 히노마루, 즉 일장기였다. 환영회에서는 그들이 히노마루를 달고 경기에 출전하는 것에 비판적인 동포들도 있었다고 한다. 이 당시 미국에 건너온 재미 한인들은 유학생 등 망명 지식인들이 많았는데, 이들은 식민지 지배에 저항하는 민족의식이 강한 사람이었다. 재미 한인들의 복잡한 심경이 드러난 것이다.

1932년 7월 31일, 로스앤젤레스 올림픽 대표 선수 네 명에 대한 재미 한인들의 환영회가 열렸다.

이들의 로스앤젤레스 올림픽 경기 성적은 어땠을까? 세 사람 중 김은배가 마라톤 6위, 권태하가 9위를 기록했고, 황을수는 복싱 1회전에서 탈락했다. 『제10회 올림픽 대회 보고』에는 마라톤 종목에 대해 다음과 같이 기재되어 있다.

> 쓰다 군과 김 군이 4, 5위[실제로는 5, 6위]가 되어 아직 포기할 수 없다는 마음이 가시지 않을 때, 9위로 들어온 권 선수의 그림자 같은 어슬렁거리는 모습을 보고, 나는 더 이상 뭐라 말할 수 없는 숨막히는 듯한 기분이 들었다. 특히 최후의 결승선 앞의 광경은 그저 가슴이 조여오는 듯한 느낌이 들어서, 자리에서 일어날 기력도 없이 멍하니 해 저무는 관중석을 올려다볼 수밖에 없었다. 나

중에 생각해 보니 주변에 있던 미국인 등 외국인들이 조용히 어깨를 툭툭 치고 혀를 차며 위로해 주었던 기억이 난다. 경기장 밖에서는 낯선 노인이 손을 잡고서는 너희들은 보기 드문 "하드 워크 피플(hard work people)"이라고 말했다. 또 어떤 사람은 세 명의 선수가 모두 결승선에 들어온 경우는 일본뿐이라며, 승패는 차치하고 그렇게까지 해서라도 모두 다 함께 골인하려는 정신이 대단하다는 등 여러 가지 말을 했다.

――『제10회 올림픽 대회 보고』

마라톤은 로스앤젤레스 올림픽에서 일본이 가장 기대한 종목 중 하나였다. 쓰다 세이치로, 김은배, 권태하의 성적은 아쉽게도 일본 스포츠계의 기대에 부응하지 못하는 것이었다. 보고서에서는 그 안타까움이 고스란히 묻어난다.

선수들을 칭찬하고 있는 위의 서술을 통해 외국 사람들이 마라톤 일본 대표를 바라볼 때 세 사람을 모두 일본인으로 동일시했다는 사실을 알 수 있다. 국제 사회의 시선에서 김은배와 권태하가 달리는 모습은 조선인이 자기 민족을 대표해 달리는 모습으로 비치지 않았던 것이다. 대표단의 속사정과 식민지 지배의 실제를 모를 경우, 이들을 피지배 민족의 선수로 인식하기는 어려웠다.

김은배는 마라톤 경기를 달릴 때 길가에서 태극기를 흔들며 응원하는 동포들의 모습을 알아차리고 조국을 느꼈다고 귀국 후 《동아일보》 이길용 기자에게 말했다고 한다.

당시 일본의 마라톤은 1928년 암스테르담 올림픽에서 야마다 가네마쓰(山田兼松)가 4위, 쓰다 세이치로가 6위를 기록했고, 이번 로스앤젤레스 올림픽에서는 쓰다 세이치로가 5위, 김은배가 6위라는 뛰어난 성적을 남겼지만, 메달 수상에 이르기에는 한 걸음 부족했다. 로스앤젤레스에서는 기대 평이 좋았던 사정도 있고 해서 입상만으로는 성에 차지 않는다고 느낀 스포츠 관계자들의 낙담이 컸다고 한다.

보고서 말미에는 "일반적으로 마라톤은 일본의 가장 유망한 종목 중 하나라고 알려져 있으므로, 아마도 그날은 생각보다 가까이 있을 것이다"라고 적혀 있다. 올림픽 마라톤에서 메달을 획득하리라는 기대는 다음 베를린 올림픽으로 미뤄지게 되었다.

내선융화 정책의 영향

로스앤젤레스의 동포들로부터 환영받은 조선인 선수들이 언급하고 있는 조선 민족의 내셔널리즘[2]은 국가를 대표하는 스포츠 선수가 어떤 의미를 갖는지를 생각할 때 매우 중요하다. 다만 만

---

[2] 이 책에서 가타카나로 표기되고 있는 '내셔널리즘(ナショナリズム)'은 한국어의 '민족주의'와 '국가주의'의 의미를 모두 가지고 있기 때문에 외래어 '내셔널리즘'을 그대로 두었다.

년에 김은배가 로스앤젤레스 올림픽에 대해 기억하는 인상은 강렬한 민족의식이라기보다는 다소간 차분한 것이었는데, 스포츠 선수로서 활약함으로써 동포들에게 기쁨을 준 것에 만족한다는 내용의 것이었다. 김은배는 당시의 일을 다음과 같이 회고한다.

> 고보 학생으로서 남들이 입지 못하는 올림픽 선수단 단복을 입고 기선에 몸을 실어 로스앤젤레스를 향해서 항해하던 중 선상에서는 매일 연습을 하고 현지에 도착하여 재미동포들의 환영! 처음으로 맛보던 양식, 마라톤 가도에서 열렬히 응원하여 주던 모습! 국내에서 국민의 성원으로 올림픽 대회 첫 입상자가 되어 돌아오니 국민과 더불어 모교의 교우들이 열렬히 맞이하여 주던 그때가 눈에 선하다.
> ──『양정체육사』

그의 회상 속에는 일본 대표 선수로서 마라톤을 뛴 것에 대한 혐오감이나 저항감은 그다지 느껴지지 않는다. 1980년에 이야기한 것이기 때문에 '국민'이라는 단어를 사용하고 있지만, 1930년대 조선에서는 '민족'이었을 것이다.

당시를 떠올릴 때 조선인들이 기뻐하는 모습과 응원해 준 기억이 인상 깊게 남아서인지, 일본 대표 선수라는 사실에 대한 위화감을 말하는 서술은 없고 오히려 대표라는 것을 긍정적으로 받아들이고 있다는 인상이다. 선수로서 오로지 그때그때

경기에 전념함으로써 응원해 주는 이들의 기대에 부응하는 것을 목표로 삼았을 따름인 것이다.

그렇다면 그들의 존재는 어떻게 이야기되고 있었던 것일까.

제국 일본의 영역에 포함된 조선반도에서는 3·1 독립운동(1919)을 전후로 스포츠에 대한 조선총독부 당국의 대응에 변화가 있었다. 3·1 독립운동 이후 식민지 조선에서는 문화정치 아래 내선융화(內鮮融和) 정책이 추진되었고, 그 영향은 스포츠에도 미치게 된다.

예를 들어 전국 중등학교 우승 야구대회(하계 고시엔 대회)에는 1921년부터 조선과 만주의 대표팀이 참가하는데, 그 경위는 다음과 같다.

> 이미 제2회 대회 당시 조선대회 창설 계획이 수립되어 우승기까지 만들어졌지만 조선총독부 학무국이 "내선인 융화를 위해서는 애써 대립적 감정이 생기지 않도록 해야 하므로, 설령 야구 경기를 하더라도 내지인(內地人)과 조선인이 각각 팀을 구성하여 승패를 다툴 경우 통치상 매우 재미없는 결과를 초래할 우려가 있으므로, 이 대회를 허락하여서는 아니된다"고 하여 중지가 되었다. 이는 관점의 차이일 따름으로, 달리 보면 이러한 무사안일주의 일변도로 나아가는 것보다 야구나 정구[테니스] 같은 경기를 통해 내선인끼리 서로 친해질 수 있는 기회를 주는 것이 오히려 융화를 앞당길 수 있는 것이 아닌가 하는 견해도 있었으나, 말하자면 우는 아이는 장사도 못 당한다는 격이 되어 본 계획은 중지된

채 5년이 경과되었고, 다이쇼(大正) 10년에 이르러 비로소 허용되기에 이르렀다.
——『전국중등학교야구대회사』

1925년에 시작된 조선신궁대회도 내선융화가 목적이었다. 식민지 통치상 3·1 독립운동과 같은 조선인의 민족운동이 일어나지 않게 하는 것, 민족운동을 단속하는 것이 식민지 권력의 최우선 과제였던 것이다.

로스앤젤레스 올림픽에 참가했던 김은배와 권태하에 대해서는 당시 다음과 같은 언급이 있다.

> 실제로 지난해 세계 올림픽 대회에 김은배, 권태하 두 사람이 로스앤젤레스의 세계육상경기장에 일본 대표 선수로 마라톤 경기에 출전하였다. 이와 같은 일들은 특히 조선의 젊은이들에게 매우 좋은 자극을 주고 있다.
> 이러한 의미에서 이는 조선의 젊은이들에게 매우 바람직한 일로서, 특히 이들을 어그러지지 않게 잘 이끌어 나간다면 사상선도라는 면에서나 내선융화라는 면에서나 가장 좋은 일이 아닐 수 없다. 좌우간 현재 조선의 스포츠는 진정한 스포츠 정신에 입각하여 향상 발전하고 있다는 사실을 강조하고 싶다.
> ——「스포츠와 내선융화: 내선 사이의 이해는 운동에서」, 『조선동포의 빛』

체육·스포츠가 사상 선도에 기여한다는 인식은 일본에서도 식민지 조선에서도 공유되고 있었다. 다만 융화에 관한 이야기는 응당 만주, 조선, 타이완 등 외지에서 주로 다루어졌다. 실력이 향상되고 있는 조선 스포츠계의 상황을 설명하려는 의도로 서술된 위의 글에서, 김은배와 권태하가 일본 대표 선수로 올림픽에 출전한 것은 내선융화를 상징하는 사건으로서 이해되고 있다.

일본 대표 선발: 라이벌과 민족의 우수성

곤궁한 학생 생활

도쿄에서 열린 로스앤젤레스 올림픽 대표 선발전이 끝난 뒤 손기정은 일단 신의주로 돌아와 6월 5일 신의주에서 열린 신의주 시민 육상대회의 마라톤에 출전했다. 이번 대회에서 가장 주목받은 종목은 마라톤이었다.

  손기정은 지역에서 '조선의 선수'로 소개되었고, 당당히 우승을 차지했다. 올림픽 출전을 놓치게 되어 실의에 빠진 시기였으나 초여름에 접어든 고향의 바람을 느끼며 몇 달 만에 신의주 시내를 달렸다. 경기가 끝나자 손기정은 고향을 떠나 경성으로 돌아갔다.

  김은배와 권태하가 로스앤젤레스에 가서 올림픽에 참가하고 있을 무렵 경성의 손기정에게는 고난의 날들이 이어졌다.

경기력 때문이 아니라 가난 때문이었다. 스포츠 선수 추천으로 입학했다고는 하지만 생활비와 학비를 스스로 조달해야 했기 때문이다. 고등보통학교에 다닐 수 있는 조선인은 대부분 부유층 자제들이었는데, 손기정은 이들과 처지가 매우 달랐다.

당시 손기정은 선배의 집에 얹혀살았는데, 이해 7월 하순에는 평북 지방에 폭우가 내려 신의주 집이 또다시 수해를 입어 생활에 원조를 받는 것조차 어려워졌다. 입학한 지 겨우 몇 달 만에 양정고보를 그만둘지 말지 하는 기로에 선 것이다.

이 같은 상황에서 손기정은 스포츠 명문인 용산 철도국 육상부로부터 제의를 받는다. 취직해서 일을 하면서 육상을 계속하는 것이 당시 손기정에게는 현실적인 선택이었다. 손기정의 결심을 들은 육상부 코치 서웅성과 주장 뮤해붕이 양정고보 육상부를 맡을 에이스의 갑작스러운 선택에 놀라 부유한 양정고보생의 가정교사를 하면서 그 집에서 지낼 수 있도록 이야기가 진행됨으로써 가까스로 퇴학을 면할 수 있었다.

성장기부터 양정고보 시기까지 가난을 견디며 운동을 계속하는 일은 손기정에게 가장 힘든 일이었다. 이 가난에 맞선 싸움과 부유한 이들에 대한 도전으로 손기정의 헝그리 정신이 길러졌다고 할 수 있지 않을까.

한편 손기정은 자신도 모르는 사이에 근대화되어 가는 사회의 물결에 휩쓸렸다. 고향을 떠나와 살게 된 경성은 1920년대 도시개발이 진행되는 과정에 모던한 도시 문화가 싹트기 시작했는데, 그 경성에 살면서 자신과 타자가 처한 상황의 차이, 환경의 차이를 객관적으로 바라보지 않을 수 없었다. 손기정의 괴로움은 조선의 근대적 발전으로 인해 격차가 벌어지는 사회와 스포츠라는 근대적 문화와 함께 자아실현을 추구하는 과정에서 더욱 강하게 느껴졌을 터였다.

동시에 양정고보라는 조선인 엘리트 학교에 다니면서 신의주에서는 그리 크게 느끼지 못했던 조선인으로서의 민족의식이 싹트게 된다. 가난을 견디는 것과 민족의식의 결합이 부와 권력을 가진 것에 대한 대항 의식을 키웠던 것이 아닐까. 식민지 조선에서 스포츠를 한다는 것은 상위 계층 사람들의 삶을 알고, 그들이 지닌 사상과 접하는 것이기도 했다.

양정고보에서 운동을 계속하게 된 손기정의 경기 성적은 점차 향상되었다. 1932년 9월 4일에 열린 전만철(全滿鐵)과의 대항 육상 경기대회에서는 5천 미터 달리기에 출전하여 1등을 했고, 9월 21일 경성에서 열린 일본과 핀란드의 국제 경기대회에도 출전했다. 10월에는 제8회 조선 신궁대회에 출전하여 5천 미터 달리기 3위, 1만 미터 달리기에서 2위를 차지했다. 또한 이듬해인 1933년 3월에는 작년에 2위를 차지한 경영 마라톤에 다시 도전해 1위를 차지했다. 다만 경영 마라톤의 경우 주행 거리가 15마일(약 24.1킬로미터)이어서 마라톤 풀코스 도전은 반년 후에나 있게 된다.

마라톤 도전과 조선의 라이벌들

로스앤젤레스 올림픽 이후의 조선에는 손기정과 함께 장거리 종목에서 활약하게 되는 양정고보 육상부 선배 남승룡이 있었다.

훗날 손기정과 함께 베를린 올림픽에 출전해 3위에 입상한 선수다. 손기정과 같은 1912년에 전남 순천에서 태어난 남승룡은 1931년과 1932년 두 해 동안을 양정고보에서 보냈다. 물론 양정고보 육상부에 소속되어 앞서 언급한 한신 역전 등에도 출전하여 양정고보 팀의 우승에 기여했다. 로스앤젤레스 올림픽이 열렸던 1932년 제8회 조선신궁대회 마라톤에서는 2시간 48분 35초의 기록으로 우승했다. 또한 이듬해인 1933년 제9회 조선신궁대회 마라톤에서는 전남 내표로 대회에 출전해 손기정에게는 뒤처진 2위로 골인했다. 그 후 일본에서 열린 제7회 메이지신궁대회에 출전해 이 대회에서도 구스노키 요시조(楠好藏)에 이어 2위의 성적을 거두었다.

이 시기의 경기 성적을 보면 남승룡의 안정감이 단연 돋보인다. 학업 부진으로 인해 1933년 3월에 양정고보를 그만둔 남승룡은 그 뒤 일본으로 건너가 1934년에 메이지 대학에 입학해 대학 육상부에서 활약한다. 이듬해인 1935부터 1937년까지 3년 연속으로 하코네 역전에도 출전했다.

남승룡 외에도 이 시기 조선인 선수로서 육상 중장거리에서 두각을 드러낸 선수가 있었다. 류장춘이다. 1907년 출생의 류장춘은 이른바 실업팀 선수로서 조선총독부 체신국에서 근무

〈표〉 조선신궁대회 마라톤 역대 우승자와 우승 시간 변천, 1927-1942

대회	연도	우승자	시간
제3회	1927년	마봉옥(馬鳳玉)	3시간 29분 34초
제4회	1928년	마봉옥	2시간 57분 34초
제5회	1929년	이성근(李成根)	2시간 39분 57초
제6회	1930년	이성근	2시간 36분 50초
제7회	1931년	김은배(金恩培)	2시간 26분 22초(비공인 세계 최고 기록)
제8회	1932년	남승룡(南昇龍)	2시간 48분 35초
제9회	1933년	손기정(孫基禎)	2시간 29분 34초
제10회	1934년	손기정	2시간 32분 29초
제11회	1935년	류장춘(柳長春)	2시간 32분 24초
제12회	1936년	류장춘	2시간 35분 48초
제13회	1937년	류장춘	2시간 30분 36초
제14회	1938년	류장춘	2시간 44분 9초
제15회	1939년	이재천(李在天)	2시간 44분 6초
제16회	1940년	백규복(白圭福)	2시간 50분 28초
제17회	1941년	이종록(李鍾祿)	2시간 32분 26초
제18회	1942년	木本在天	2시간 35분 27초

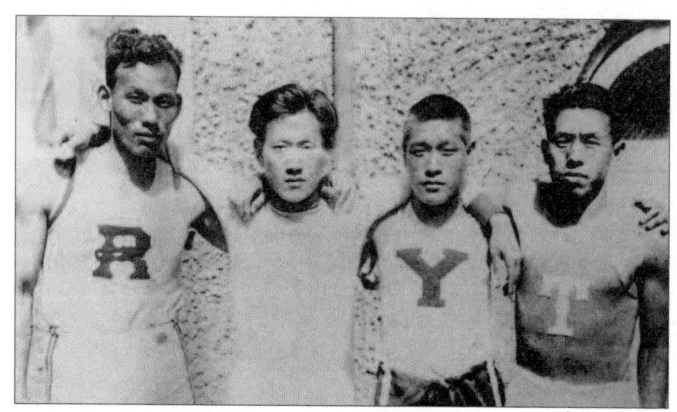
오른쪽부터 류장춘, 손기정, 백규복, 유약한.

하고 있었다. 1934년 3월부터 5월까지 그의 성적은 손기정을 능가하는 것이었다.

우선 1934년 3월에 열린 제4회 경영 마라톤에서 손기정의 2연패를 저지하고 첫 우승을 차지한 데 이어, 4월에 열린 제10회 극동선수권대회(이하 극동대회) 조선 예선의 1만 미터 달리기에서 32분 25초 2라는 좋은 기록으로 김은배가 보유하고 있던 조선 기록을 깨면서 우승했다.

또한 일본에서 열린 선발전에서도 일본의 강호들을 제치고 1만 미터 달리기에서 극동 신기록으로 우승하면서 일본, 중국, 미국 자치령인 필리핀, 네덜란드령 동인도 등이 참가해서 열리는 극동대회에 출전하게 되었다.

손기정은 이 일본 예선전에서 류창춘에게 패했다. 손기정보다 먼저 국제대회에 출전한 이는 류장춘이었다. 그는 이해 5월 필리핀 마닐라에서 열린 제10회 극동대회 1만 미터 달리기에서 우승하면서 손기정과 더불어 조선 육상계에서 국제적으로 활약을 기대하게 되었다. 그 후 류장춘은 1935년의 제11회부터 제14회까지 조선신궁대회 마라톤에서 4연패를 달성한다.

이처럼 로스앤젤레스 올림픽 이후 1930년대 조선 육상계의 중장거리 달리기를 대표하는 선수는 김은배에서 손기정, 류장춘으로 바뀌었고, 여기에 더해 메이지 대학에 진학한 남승룡이 권태하를 대신해 메이지 대학 육상부 소속 조선인 선수로 활약하면서 1936년 베를린 올림픽을 노리고 있었다. 앞서 언급했듯이 손기정은 1933년 3월 제3회 경영 마라톤에서 우승하긴 했지만, 42.195킬로미터의 마라톤 풀코스를 아직 뛰어본 적이 없었다. 손기정이 처음으로 풀코스를 경험한 것은 1933년의 제9회 조선신궁대회였다.

손기정은 처음 출전한 마라톤에서 2시간 29분 34초라는 뛰어난 기록으로 우승했다. 당시 세계기록, 곧 후안 카를로스 자발라가 로스앤젤레스 올림픽에서 세운 2시간 31분 36초를 크게 상회하는 기록이었지만, 비공인 코스를 달렸기 때문에 공인 기록으로는 인정받지 못했다. 김은배가 제7회 조선신궁대회 마라톤에서 세계 최고 기록을 세웠을 때와 마찬가지였다.

손기정은 제7회 메이지신궁대회에도 출전했지만, 일본에서 열린 이 대회에서는 좋은 결실을 거두지 못했다. 그러나 1934년 제10회 조선신궁대회 마라톤에서도 우승하면서 이 대회 마라톤에서 연패를 달성했다. 손기정의 경기력은 이듬해에 더욱 가파르게 상승한다.

우생학과 민족의 우수성

1935년은 식민지 조선에서 그 어느 때보다 조선인 선수들이 주목을 받은 해였다.

1934년 미국으로 건너간 복싱 선수 서정권은 에버라스트(Everlast)의 권투 연감에서 밴텀급 6위에 랭크되어 극동 아시아에서 처음으로 세계 랭킹에 오른다. 또한 1935년 1월에는 메이지 대학에 유학 중이던 김정연, 장우식과, 와세다(早稻田) 대학에 유학 중이던 이성덕 등 세 명의 스케이트 선수들이 이듬해인 1936년 2월 독일 가르미슈-파르텐키르헨에서 열리는 제4회 동계 올림픽에 출전하기로 결정되었다. 조선반도는 국제적인 활약이 기대되는 조선인 선수들의 등장으로 들끓고 있었.

식민지 조선의 민족주의자를 대표하는 조선 지식인 중 한 명인 여운형은 당시 〈체육과 경기〉라는 제목의 연설에서 스포츠에 대해 이야기한 바 있다. 그는 이 연설에서 "보다 훌륭하고 강인한 국민(민족)을 만들기 위해서는 운동을 해야만 한다"며 우생학적 관점에서 스포츠의 중요성을 강조했다. 1934년 조선에서는 조선우생협회가 조선인 의사 이갑수에 의해 설립되었다. 당시 우생학은 피지배 민족의 지식인들에게 자민족을 개량하고 개선하는 정당성을 설명하는 근거가 되기도 했다.

우생학은 나치스 독일이 게르만 민족의 우수성을 내세우는 도그마이기도 했기 때문에 현재는 기피해야 하는 것으로 간주되지만, 당시 조선 민족을 대표하는 이들에게는 자신의 입장을 긍정적으로 전개하고 조선 민족을 이끌어 갈 수 있는 논리적 근거를 제공하는 학설이기도 했다. 그들은 조선인 스포츠 선수의 활약을 통해 조선 민족의 우수성이 나타난다고 생각했던 것이다.

그런 까닭에 국제적인 수준에서 활약하는 조선인 선수들은 민족적 우수성의 발현으로 간주되었는데, 이는 개인의 능력에 귀속되는 방식이 아니라 민족의 대표가 되는 방식으로서 이야기되었다. 조선 지식인들에게 국제 사회에서 조선 민족이 인정받고 더 널리 알려져 "세계 최고가 되는 것"은 식민지 지배를 문제 삼기 위해 필요했다. 스포츠는 이를 증명하는 지름길 중 하나였다. 조선 지식인들 사이에서 신체와 민족과 우생학은 유기적으로 연결되어 있었다.

베를린 올림픽 일본 대표 후보가 되는 길

1935년, 베를린 올림픽을 앞둔 해에 손기정의 실력은 도약한다.

'초인 손기정'이라는 제목으로 신궁 마라톤 대회 새 코스에서 세계 기록 수립을 보도한 기사(《동아일보》, 1935년 3월 24일).

3월에 일본에서 열린 전국마라톤연맹 주최 신궁 새 코스 마라톤 대회에 출전해 우승한 것이다. 손기정은 출발과 동시에 선두로 나서 속도를 내면서 순조롭게 달렸고, 후반에 다소 주춤하긴 했지만 비공인 2시간 26분 14초라는, 당시 세계기록을 훌쩍 뛰어넘는 기록을 세웠다.

이 대기록은 일본과 조선에서 경이로운 기록으로 받아들여졌다. 신문은 「대기록」, 「초인」이라는 제목으로 장식되었다. 다만, 새 코스였고 공식적인 거리 측정이 이루어지지 않았던 이유도 있고 해서 실제 거리에 대해 의문이 제기되기도 했다. 그럼에도 새 코스를 질주하는 손기정의 속도에 경기 관계자들은 놀라움을 감추지 못했다. 이 우승으로 손기정은 일본의 올림픽 대표 후보 중 한 명으로 단숨에 주목을 받기 시작했다. 일본 육상계에 손기정이 혜성처럼 등장한 것이다.

손기정의 기세는 멈추지 않았다. 경성으로 돌아온 손기정은 4월 27일에 개최된 전국 마라톤의 날 경성 대회에 출전해 3월의 기록을 뛰어넘는 2시간 25분 14초로 우승하며, 또다시 비공인 세계 최고 기록을 경신했다. 5월에는 조선체육회가 주최한 제3회 풀코스 마라톤 대회[경수(京水) 가도 마라톤]에 출전해 4월의 기록을 또다시 경신하는 2시간 24분 28초를 기록했다. 1935년 상반기 손기정의 경기력은 너무도 좋은 것이어서, 3월부터 5월까지 매달 연속으로 마라톤 대회 풀코스에 출전해 뛰어난 기록을 세웠다.

7월에는 일본에서 열린 제8회 동서대항육상대회에 출전했다. 그러나 이 대회에서는 좋은 기록이 나오지 않아서 4위에 그쳤다. 양정고보의 학교 시험과 시기가 겹쳐서 마라톤 연습을 할 수 없었기 때문이라고 한다.

9월에는 일본육상선수권대회 조선 예선 마라톤 종목에 출전했다. 이 예선의 기록은 2시간 42분 2초로 상반기의 기세와는 다소 거리가 있었음에도 1위를 차지했다.

1935년 한 해의 마무리는 연례적인 스포츠 대회로 자리 잡은, 조선과 일본에서 개최되는 두 개의 신궁대회였다. 10월에는 2연패를 달성한 바 있는 제11회 조선신궁대회의 마라톤에 출전했다. 이 대회에서 손기정보다 빨리 도착한 것은 류장춘이었다. 류장춘은 2시간 31분 24초의 좋은 기록으로 우승했고, 손기정은 2시간 33분 39초의 기록으로 2위를 차지했다.

세계 최고 기록으로 대표가 되다

11월 3일 일본에서 열린 제8회 메이지신궁대회는 올림픽 2차 예선을 겸한 대회였다. 이 경기 결과에 따라 올림픽 대표 후보가 결정될 터였다. 중장거리 달리기 종목에는 조선 대표로 1만 미터 달리기에 류창춘이, 마라톤에는 손기정이 출전했다. 마라톤 코스는 메이지 신궁 경기장을 출발해 다마가와에 놓인 로쿠고바시를 반환점으로 하여 다시 메이지 신궁 경기장으로 돌아오는 코스였다.

12시 55분, 마라톤 경기가 시작되었다. 출발부터 스즈키 후

사시게(鈴木房重)가 선두로 나서며 그의 리드로 레이스가 진행되었다. 그 뒤를 손기정, 나카무라 신이치(中村信市), 시와쿠 다마오, 구스노키 요시조가 따랐다. 오모리(大森) 신사를 지나면서부터 레이스가 요동치기 시작했다. 이 지점부터 스즈키는 뒤로 밀리기 시작하고 손기정과 나카무라가 선두로 나서면서 그 뒤를 시와쿠와 사카라(相良)가 조금 뒤처져 추격했고, 그 뒤를 스즈키, 구소노키, 남승룡이 뒤따랐다.

나카무라와 어깨를 나란히 하면서 반환점을 돌던 손기정은 후반부에 승부수를 띄웠다. 전반전에 레이스가 요동치던 오모리 신사 근처에서 선두로 나서면서 단숨에 페이스를 끌어올렸다. 두 번째로 달리던 나카무라는 손기정의 페이스를 따라잡을 수 없었다. 그 뒤에서 달리는 주자들 중 그 누구도 그의 페이스를 따라잡을 수 없었다.

후반에 스피드가 떨어진 전례를 생각해서 손기정은 전반에 페이스를 억제하고 후반에 속도를 높여 승부를 걸겠다는 레이스 전개를 구상하고 있었다. 이번 마라톤은 이 의도대로 전개되었다.

손기정이 메이지 신궁 경기장에 들어섰을 때, 마침 2시 30분에 시작된 1만 미터 달리기 결승전도 동시에 진행되는 중이었다. 마지막 직선 코스를 달리는 손기정의 속도는 1만 미터 달리기 선수들의 피치에도 뒤처지지 않을 정도여서, 그야말로 100미터 혹은 200미터 달리기를 하는 선수와 같았다고 한다. 손기정은 자신의 의도대로 레이스를 이끌면서 2시간 26분 42초라는 세계 최고 기록을 세우고 결승선을 통과한다. 이 기록은 공인 기록이었고, 손기정은 세계 최고 기록의 보유자가 되었다.

손기정이 결승선을 통과한 뒤에도 경기장에서는 1만 미터 달리기 경기가 이어졌다. 1위는 무라코소 고헤이였고, 류장춘이 2위를 차지했다. 마라톤을 완주한 뒤였지만 손기정은 조선의 동료이자 라이벌인 류장춘을 열심히 응원했다. 류장춘은 1만 미터의 극동 기록 보유자였다. 그러나 이날 경기는 앞서서 달리던 무라코소가 선두를 그대로 지키며 류장춘이 보유한 31분 25초 2를 갱신하는 31분 7초 8의 일본 신기록으로 우승을 차지한다. 2위를 차지한 류장춘 역시 31분 59초 8의 좋은 성적을 냈지만 무라코소의 기록에는 미치지 못했다.

일본·조선 신문 지면의 다른 분위기

마라톤을 마친 후 손기정은 신문기자의 취재에 대해 이번 마라톤에 대한 소감을 다음과 같이 말했다.

> 컨디션은 비교적 좋았지만, 춘계 레이스 당시 전반부에 너무 속도를 내다 실패한 적이 있어서 오늘은 후반에 속도를 내려 했는데 이상하게도 배가 아픈 듯해서 좀 힘들었어요. 결국 쓸데없는 걱정을 한 셈인데, 실상은 죽기 살기로 뛰었습니다. 마라톤은 와세다의 김[은배] 군의 뒤를 이을 생각으로 2년 전부터 시작했어

요. 다만 연습하는 코스가 정해져 있지 않은 까닭에, 경성 시내를 두 번 돌면 약 15리 정도 되니까 그걸로 하고 있어요. 도쿄 코스는 아무래도 휘발유 냄새 때문에 힘들어요. 차라리 비가 오면 좋겠다고 생각합니다. 저에게 올림픽 출전은 무리겠지요.

─《도쿄아사히신문》, 1935년 11월 4일

조선의 명문 양정고보 육상부에 소속되어 있다고는 해도 당시 마라톤을 지도할 수 있는 코치가 부재한 상황에서 스스로 트레이닝을 고민하고 이모저모 궁리하면서 멘탈 케어와 컨디션 관리를 했다는 점에 손기정의 뛰어난 면모가 드러난다. 마라톤 종목에서는 컨디션 조절이 매우 어렵다. 뛰어난 스피드를 가진 선수의 마라톤 경기 성적에 부침(浮沈)이 있는 것도 바로 이 때문일 것이다.

손기정의 우승 후 소감은 조선의 신문 지면에도 게재되었다.

조선서 지어 본 내 딴에 좋은 기록과 또 금년 봄 순환 코스에서 지어본 호기록이 아무리 거리가 어쩌니 뭐니 하기로 내 실력으로 지었다는 것을 이 코스에서 기어코 지어보려는 숙망을 달하고 보니, 우리 고향, 우리 모교 양정, 또 내 선배 김은배 등 제형(諸兄)의 과거를 뒤이은 듯, 책임감이 앞으로 더욱 크며 또 그 한 계단을 밟아 내디딘 듯이 시원합니다. 남은 길은 더욱 험하고 더욱 외로우니 오직 정진하고 자중할 뿐입니다.

─《동아일보》, 1935년 11월 5일

대회가 끝난 뒤 밝힌 손기정의 소감은 일본과 조선의 신문에서 전혀 다른 분위기다. 각각의 소감이 실제로 언급된 것이라 하더라도 양쪽에서 기대하는 손기정의 모습이 어떤 것이었는지를 짐작할 수 있다.

어쨌든 이 메이지신궁대회 결과에 따라 손기정은 52명의 올림픽 후보 선수 중 한 명으로 선발되었다. 아직은 후보 선수로서 대표로 확정되기 전이지만, 손기정은 마라톤 선수들 중에서 가장 주목받으며 금메달에 가장 가까운 선수로 여겨졌다. 훗날 《도쿄아사히신문》에서는 올림픽 대표 후보 선수의 특집을 구성하면서 제국 일본의 선수들을 소개했는데, 손기정에 대해서는 아래 기사에서 보듯 그의 성장 과정부터 경기 출전까지를 소개하고 그의 포부를 담은 말로 마무리하고 있다.

> 그가 스포츠계에 맹아를 드러낸 것은 쇼와 8년[1933년] 메이지신궁경기 조선 예선에서 2시간 29분 34초라는 경이적인 기록을 세우며 우승을 하면서부터였다. 그러나 도쿄로 상경하여 실패하고, 그 후 이전보다 더 치열한 연습 끝에 마침내 세계 신기록을 수립하게 된 것이다. "순조롭게 베를린에 갈 수 있게 된다면 베를린 아이에게 기미가요를 들려줄 것"이라는 것이 그의 포부.
> ─《도쿄아사히신문》 1936년 3월 15일

금메달 획득: 올림픽 기록으로 우승

제국 일본의 1936년

1936년 2월 26일, 제도(帝都) 도쿄는 불온한 공기로 둘러싸여 있었다.

2월 23일 밤부터 내리기 시작한 30년 만의 폭설로 제도는 온통 눈세상으로 변했다. 오전 0시부터 4시까지 보병 제1연대, 보병 제3연대, 근위보병 제3연대의 하사관과 병사들에게 소집령이 내려졌다. 이들을 소집한 것은 육군 청년 장교들이었다. 청년 장교들은 이후 1,400명의 병사를 이끌고 끔찍한 사건을 일으킨다. 쇼와 유신을 단행한다는 명분으로 주요 관료들을 차례로 살상한 것이다.

조선 총독을 지내기도 한 내무대신 사이토 마코토(齋藤實), 재무대신 다카하시 고레키요(高橋是淸), 교육총감 와타나베 조타로(渡辺錠太郎)는 무참히 살해되고, 시종장(侍從長) 스즈키 간타로(鈴木貫太郎)는 중상을 입었다. 오카다 게이스케(岡田啓介) 수상의 경우 그의 처남이 수상으로 오인받아 대신 화를 입는 바람에 목숨을 건질 수 있었다. 쇼와 최대의 쿠데타 사건으로 불리는 2·26 사건이다. 이후 청년 장교들은 나흘에 걸쳐 일본의 중심부를 점령했다.

쿠데타는 실패로 끝났지만, 2·26 사건이 제국 일본에 미친 충격은 컸다. 2·26 사건은 청년 장교가 일으킨 단순한 쿠데타 사건이 아니었다. 그 근저에는 제국 일본의 사회 불안이 있었다.

제국 일본의 문제는 식민지 문제와도 연결되어 있었다. 청년 장교들 중에는 농촌 출신이 많았고, 가난으로 고통받는 농촌 사람들의 모습이 그들의 행동을 촉발한 트리거가 되었다. 이 시기 농촌의 궁핍으로부터 농민을 보호한다는 명목으로 실험적으로 추진된 것이 만주 이민 정책이다. 만주가 왕도낙토(王道樂土)의 이상향이라는 환상은 궁핍에 허덕이는 사람들에게 한 줄기 희망을 안겨주었다. 2·26 사건 이후 히로다 고키(廣田弘毅) 내각에서 농업이민 100만 호 이주 계획이 국책으로 제정되자 이듬해에는 농촌 지역의 많은 사람들이 개척민으로 만주로 이주하게 된다. 지금까지와는 다른 규모의 이주 계획이 추진된다.

조선에서는 경계가 강화되었다. '제도 반란 사건'을 계기로 조선인의 민족 운동이 활발해질 조짐이 보이기 시작한 것이다. 특고 경찰은 그 움직임에 민감하게 반응했다.

조선인 운동에 있어서 일시 쇠퇴를 보인 민족주의 운동은 제도 반란 사건을 계기로 다시 상승의 조짐이 조성되기에 이르렀다. 게다가 제11회 올림픽 대회에서 조선 출신 선수의 우수성이 입증될 것이라고 해서 이 같은 조짐에 박차를 가하고 있는 듯한 감이 있다. 향후 내지와 조선 모두에서 그들의 책동이 점차 드러날 것으로 보이는 경향이 있으므로, 금후의 동향에 상당한 경계를 요하는 바이다.

—《특고외사월보》, 1936년 8월분

2·26 사건의 충격이 휩쓸고 간 1936년, 식민지 조선에서는 '제도 반란 사건'에 편승하여 조선인의 민족 운동이 다시 발화될 것을 위험시하고 있었다. 더욱이 베를린 올림픽에서 조선인 선수들의 활약이 민족 운동의 불씨가 될 위험성을 안고 있다고 본 특고 경찰은 이를 주시하고 있었다. 통치하는 쪽은 권력에 반발하는 요소는 모두 제거해야 했던 것이다.

최종 결선 레이스 2위

제도에서 정치적으로 큰 사건이 발생한 뒤 그 여진이 아직 가라앉지 않았지만, 올림픽 대표 선발을 위한 마라톤 대표 후보 합숙이 다른 종목을 포함해서 계속되고 있었다. 대표 선수로는 경이적인 기록을 보유한 손기정이 단연 돋보였지만, 당시 일본 마라톤계에는 실력 있는 선수들이 많았다.

마라톤 최종 선발은 1936년 5월 21일에 열렸다. 후보로 선발된 8명 이외에 전국 예선에서 좋은 기록을 낸 선수 19명을 더해 총 27명이 최종 예선을 치를 예정이었다.

5월 21일, 선수들은 메이지신궁 경기장에 모였다. 참가 선수들은 21명이었다. 코스는 전년도 11월 3일에 열린 메이지신궁 대회와 동일했다. 오후 2시 메이지신궁 경기장에서 운명의 결승전이 시작되었다. 긴장감 넘치는 레이스는 시작부터 아무도 적극적으로 움직이지 않는 느린 페이스의 전개였다. 야쓰야마바시(八ッ山橋) 부근인 약 6마일(9.6킬로미터)까지는 선두 그룹에 변화가 없는 조용한 레이스가 이어졌다. 이처럼 느린 페이스에 지친 손기정이 선두로 나서며 스즈카모리(鈴ヶ森) 부근에서 속도를 끌어올린다. 15명의 선수가 뒤따라오면서 손기정은 그룹에 흡수되었다. 로쿠고바시 반환점에서는 히코에(彦江), 가와구치(川口), 시와쿠 순으로 통과하고, 손기정은 조금 뒤에서 반환점을 돌았다. 반환점을 돌면서부터 대표 후보 선수들이 잇달아 낙오하면서 레이스는 대혼란에 빠졌다.

반환점을 돌고 나서 손기정은 페이스를 끌어올렸다. 선두로 치고 나가며 독주하는 모습을 보이기 시작했다. 후반 경기는 손기정을 앞에 두고 뒤에서 스즈키와 시와쿠가 뒤쫓는 형국이었다. 레이스는 그대로 끝나지 않았다. 야쓰야마바시 부근을 지날 무렵, 그때까지 6위였던 남승룡이 페이스를 끌어올렸다. 도라노몬(虎ノ門) 부근에서 선두를 달리는 손기정을 포착하

고 단숨에 추월했다. 남승룡은 그대로 신궁 경기장으로 돌아와 2시간 36분 3초의 기록으로 골인했다. 손기정이 2위를 차지했고, 스즈키, 시와쿠가 뒤를 이었다. 손기정의 기록은 2시간 38분 2초였다.

대표 선발은 극도의 난항을 겪었다. 대표 후보 선수 중에서 다크호스였던 남승룡이 최종 선발전에서 우승했지만, 입상자 전원의 최종 선발전 기록이 좋지 않았기 때문이다. 최종적으로 대표로 선발된 선수는 손기정, 남승룡, 시와쿠 다마오, 스즈키 후사시게, 네 명이었다. 최종 선발전 결과를 중시한 결과였다. 다만 베를린 올림픽에 출전할 수 있는 선수는 세 명이었으므로, 한 명은 보결로 베를린에 입성하기로 되었다. 출전 세 명과 보결 한 명은 현지에서 결정하기로 되어 있었다.

신의주를 거쳐 베를린으로

베를린 올림픽 개최가 임박했다. 6월 1일 드디어 베를린을 향해 출발했다.

> 손, 시와쿠, 남, 스즈키 네 선수에 코치인 사토(佐藤) 군과 모리타(森田)가 함께 6월 1일 오후 9시 도쿄역에서 출발하는 기차를 타고 영광의 출정길에 나서게 되었다.
> 전날 마루노우치 호텔에 집결한 선수들은 이날 궁성요배(宮城遙

拜)와 메이지 신궁 참배를 마쳤고, 육상연맹 주최로 고라쿠(幸樂)
에서 개최된 장행회(壯行會)에는 히라누마(平沼) 회장 이하 시부야
(澁谷) 명예주사, 왕년의 선수 가나쿠리 마라톤 왕 등 다수가 참석,
격려의 말이 이어졌고, 오후 8시에 산회했다. 일단 마루노우치 호
텔에 돌아온 뒤 오후 9시에 도쿄역에 나타났다. 역 앞에는 다수의
관계자들이 배웅을 나왔는데, 세계 제패를 노리는 우리 선수들의
출발에 걸맞은 모습이었다.
——『제11회 올림픽 대회 보고서』

  마라톤 선수단 일행은 다른 선수들보다 먼저 선발대로 도쿄
를 출발해 베를린으로 향했다. 도쿄에서 시모노세키(下關)를 거
쳐 관부(關釜) 연락선을 타고 부산으로 건너가 6월 3일 경성에
도착했다. 경성에서는 조선 신궁을 참배하고 경성 운동장에서
가벼운 연습을 했다.
  조선에서 손기정의 인기는 엄청났다. 길가의 관중들은 모두
손기정을 응원하기 위해 달려왔다고 했다. 손기정의 모교 양
정고보에서는 여섯 명을 위한 격려회를 개최했는데, 양정고보
의 교직원과 학생들이 모두 참석해 환영과 격려를 아끼지 않았
다. 일행은 경성에서 만주를 거쳐 시베리아 철도를 이용해 베
를린으로 다시 출발했다. 손기정의 고향 신의주를 통과할 때는
그를 환송하기 위해 모인 고향 사람들이 플랫폼을 가득 메우고
있었다. 손기정은 플랫폼에 내려 사람들의 격려를 받고 신의주
를 떠났다.

손기정 일행이 베를린에 도착한 것은 6월 17일이었다. 오전에 도착한 이들은 오후에는 마라톤 코스 시찰에 나섰다. 베를린 올림픽의 개막은 8월 1일이고, 마라톤은 9일에 열릴 예정이었다.

베를린 올림픽 개막

1936년 8월 1일, 독일의 수도 베를린은 올림픽으로 물들었다. 거리에는 각국의 국기와 올림픽기, 그리고 하켄크로이츠(Hakenkreuz)기[3]가 늘어섰고, 정돈된 분위기 속에 축제 분위기가 감돌고 있었다. 베를린 올림픽 개회식이 드디어 시작되었다.

> 운터넨린덴(Unter Den Linden) 거리는 올림픽기와 나치기로 가득 차 있다. 이미 10시경부터 육해군인, 히틀러 유겐트(청소년단) 등이 모두 음악대를 선두로 보무당당하게 행진하며 정해진 위치로 들어간다. 제법 큰길조차 호기심 많은 관중들로 인해 꼼짝도 할 수 없을 정도로 혼잡한 모양이다.
> 입장식은 16시에 시작되는데, 십여만 명을 수용할 수 있다는 그토록 큰 경기장도 입추의 여지가 없다. 제플린 호가 날아와 분위

---

[3] 불교의 '만(卍)' 자와 비슷한 모양의 십자가 모양의 기장(記章)으로 나치 독일의 문양이다.

기를 북돋고 있다. 개회 10분 전 히틀러가 들어오고, 16시 정각부터 그리스 선수를 필두로 50여 개국 선수들이 알파벳 순서대로 입장한다. 일본은 25번째, 주최국 독일은 맨 마지막으로 입장한다.

17시 20분 열두 발의 예포가 울려퍼지는 가운데 올림픽기가 서서히 게양되고 고전적인 올림픽 성화가 켜지면서 올림픽 종소리는 가슴 속으로 울려 퍼진다.

―『유럽여행기』

17시 03분, 히틀러에 의해 제11회 올림픽 경기 베를린 대회 개최 선언이 드높이 울려 퍼지자, 경기장에 모인 많은 사람들은 나치식 경례로 독일 제국의 일체감을 드러낸다. 경기장에는 예포가 울려 퍼지고, 풀려난 3만 마리의 비둘기가 경기장 상공을 날아간다.

이 광경을 관중들이 지켜보는 가운데 나팔수의 팡파르가 울려 퍼진다. 만원 관중이 축제 분위기에 휩싸일 때 올림픽 찬가의 합창이 시작되고, 노랫소리가 경기장에서 사라지자 마지막 성화 봉송 주자가 경기장으로 달려와 성화대에 불을 지핀다. 이리하여 개회식은 장엄하게 치러지며 끝이 났다.

손기정은 개회식을 경기장에서 직접 체험했다.

경기는 이튿날부터 시작되었다. 육상 경기는 8월 2일부터 9일까지 일주일에 걸쳐 진행되었다. 5일에는 장대높이뛰기 결승에 니시다 슈헤이(西田修平)와 오에 스에오(大江季雄)가 출전해 4시간 동안 열띤 경기를 펼친 끝에 각각 2위와 3위를 차지했다. 8월 6일에는 삼단뛰기 결승전이 치러졌다. 이 종목에서 일본은 1928년 암스테르담 올림픽에서 오다 미키오(織田幹雄)가 일본인 최초의 금메달리스트가 된 이래, 1932년 로스앤젤레스 올림픽에서도 난부 추헤이(南部忠平)가 우승해 금메달을 획득함으로써 일본 대표 선수가 올림픽 2연패를 달성한 바 있다. 이 기록을 다시 경신한 것은 다지마 나오토(田島直人)였다. 베를린 올림픽 무대에서 세계 신기록인 16미터의 큰 점프를 선보이며 멋지게 금메달을 차지했다. 다지마는 멀리뛰기에서도 7미터 74의 점프로 3위를 차지하며 동메달을 획득했다.

하퍼의 조언과 자발라의 탈락

마라톤은 육상 경기 마지막 날인 8월 9일에 열렸다. 이번 대회의 우승 후보는 로스앤젤레스 올림픽 금메달리스트인 아르헨티나의 자발라였다.

 일본에서 출전하는 세 명의 선수는 현지에서 실시한 시험 주행 결과를 토대로 시와쿠 다마오, 손기정, 남승룡으로 결정되었다. 출전 선수를 발표할 때 스즈키 후사시게는 코치인 사토 히데사부로(佐藤秀三郎)의 결정을 웃으며 받아들였다고 한다. 어쨌든 로스앤젤레스 대회와 마찬가지로 세 명의 대표 선수 중 조선인이 두 명 출전하게 되었다.

 15시, 경기장에 출발을 알리는 총성이 울려 퍼지며 마라톤

하퍼와 나란히 달리는 손기정.

경기의 막이 올랐다.

출발부터 자발라는 빠른 속도로 트랙을 돌았다. 경기장을 나왔을 때는 15시 04분, 자발라가 선두로 경기장을 뒤로 했고, 3열에서 출발한 세 사람 중 손기정이 22위, 시와쿠 다마오가 44위, 남승룡이 49위로 경기장을 나섰다. 육상 경기가 시작된 이래로 궂은 날씨가 계속되었지만, 이날은 쾌청한 여름날의 하늘이 나타났고, 마라톤은 더위와의 싸움이 되고 있었다.

자발라가 선두를 유지한 채 초반 레이스가 진행되었다. 6킬로미터를 통과한 시점에 자발라, 포르투갈의 디아즈, 영국의 하퍼, 손기정의 순이었다. 12킬로미터를 통과한 시점에서 선두 자발라는 39분 21초의 쾌조를 보였고, 4위 손기정은 41분 18초로 선두 자발라보다 2분여 뒤처졌다. 자발라보다 훨씬 뒤처진 손기정에게는 자발라의 모습이 보이지 않았다. 조바심이 난 손기정은 앞쪽의 자발라를 따라잡기 위해 속도를 올리려고 했다.

그 순간 하퍼가 "슬로우, 슬로우"라고 말을 건네며 그 움직임을 제지했다고 한다. 하퍼의 말에 안정을 찾은 손기정은 페이스를 급히 올리는 대신 하퍼와 나란히 달리며 선두 자발라와의 거리를 조금씩 좁혀 나갔다. 하퍼와 어깨를 나란히 하며 서서히 속도를 높여 2위로 달리던 디아즈를 따라잡았다. 21킬로미터의 반환점에서 손기정은 하퍼와 디아즈를 제치고 2위로 올라서며 선두의 자발라를 추격하기 시작했다. 추월당한 하퍼는 28킬로미터 부근까지 손기정에게 뒤처지지 않고 추격해 왔다.

손기정은 반환점에서 마주친 자발라를 흘끗 쳐다보고, 그

반환점을 도는 손기정.

표정에서 종반에 페이스가 떨어질 것을 확신했다. 그의 예상대로 자발라는 전반의 오버페이스로 인해 피로가 쌓여 페이스가 떨어지기 시작했다. 31킬로미터 지점에서 하웰 호숫가로 나가는 숲속으로 들어가 마침내 선두를 달리던 자발라를 따라잡았다. 피로가 누적되어 속도를 내지 못하는 자발라가 손기정의 시야에 바짝 다가왔다. 쾌조로 스피드를 올린 손기정은 자발라를 단숨에 추월했다.

십만 명의 환호성, 올림픽 기록으로 골인

자발라를 추월한 손기정의 속도는 줄어들지 않았다. 나란히 달리고 있던 하퍼는 이미 옆에 없었다. 손기정은 페이스를 늦추지 않고 그대로의 기세로 관중이 기다리는 경기장까지 독주했다.

베를린 경기장에 모인 10만의 관중들은 이 가열찬 레이스의 승자가 누구인지 궁금해했다. 그 순간 나팔수의 팡파르와 함께 165센티미터 작은 체구의 선수가 경기장에 들어섰다. 관중들의 우렁찬 환호성에 경기장이 들썩였다. 10만 명의 환호와 박수 속에 경기장에 들어온 손기정은 경기장 안을 그대로 질주하며 결승 테이프를 끊었다. 2시간 29분 19초 2의 올림픽 신기록이었다.

손기정은 결승선을 통과한 후 20미터 정도를 그대로의 기세로 달려가 담요에 싸인 채로 엉덩방아를 찧듯이 넘어졌다. 곧바로 일어나 가볍게 달리기 시작하자 손기정보다 2분 정도 뒤처져서 달리고 있던 영국의 하퍼가 도착했고, 그 70-80미터 뒤에는 남승룡이 보였다. 남승룡은 후반부에 차례로 순위를 끌어올리며 경기장에서 마지막 스퍼트를 내고 있었다. 남승룡은 2위와는 19초 차이로 3위로 골인했다.

손기정은 베를린 올림픽 마라톤에서 우승했다. 제국 일본의 올림픽 마라톤 우승은 가나쿠리 시소가 처음으로 마라톤에 도전한 1912년 스톡홀름 올림픽 이후 일본 육상계의 염원이었다. 24년의 세월이 흐른 뒤 조선 출신의 한 청년이 그 꿈을 실현한 것이다.

손기정이 결승 테이프를 끊었을 때 그것은 손기정은 물론, 제국 일본에게도, 또 조선 민족에게도 영광스러운 순간이었음이 틀림없다.

결승선을 통과한 후 가볍게 달리던 손기정은 마라톤 게이트 쪽에 벗어놓은 자신의 트레이닝 바지를 찾으러 가서 그것을 주워 들고 몰려드는 각국 신문기자들과 카메라맨들 앞에 처음으로 섰다. 손기정은 자신의 마라톤 우승에 대해 다음과 같이 회고했다.

> 오늘은 시종일관 최상의 컨디션이었습니다. 신발이 작아서 발에 물집이 생겨 매우 힘들었습니다. 진빈에 사발라가 무모할 정도로 속도를 내서 천 미터 반 정도 간격을 두고 하퍼 군과 함께 추격했습니다. 후반에 아브스[4]에서 나오는 언덕 입구에서 같이 자발라를 추월했지만 또다시 자발라가 추격할까 봐 몹시 걱정되어 자연스레 속도가 빨라졌는데, 함께 달리던 하퍼 군이 "(속도를) 내지 마, 내지 마"라며 주의를 주었는데, 그 친절함에 대해서는 말로 표현할 수 없을 정도로 깊이 감사하고 있습니다. 그는 진정한 스포츠맨으로서, 내가 우승할 수 있었던 배경에는 그의 충고가 큰 힘이 되었습니다. 덕분에 후반부에는 제 페이스로 편안하게 달릴 수

---

[4] 독일 베를린 남서부에 설치되었던 자동차 주행용 레이스 트랙(Avus).

시상대에 선 베를린 올림픽 마라톤 메달리스트들(왼쪽부터 남승룡, 손기정, 어니스트 하퍼, 1936년 8월 9일).

있었습니다. 카이젤 기념탑 부근에서 물집이 생긴 발이 무겁게 느껴져 걱정이 되었지만 인내심을 가지고 밀어붙여 달렸습니다.
―《요미우리신문》, 1936년 8월 10일

　기쁨으로 가득 찬 코멘트라기보다는 매우 냉정하게 레이스를 되돌아보고 있다. 다만, 자발라를 추월한 뒤에 하퍼가 말을 건넸다고 손기정은 회상하고 있지만, 실제로는 자발라를 추월하기 전에 있었던 일이다.
　곧이어 시상식이 준비되고 손기정은 남승룡과 함께 올림픽 경기장의 시상대에 서 있었다. 기미가요가 흘러나오고, 중앙

게양대에 일장기가 올라간다. 그 오른쪽에도 또 하나의 일장기가 올라간다. 우승자가 국가의 상징에 둘러싸인 채 그 속에 녹아드는 가장 중후하고도 순수한 시간이 흐르고 있었다. 영웅이 된 승자는 그 시간을 거부할 수 없었다.

제3장

일장기 말소 사건의 충격:
1936년 8월

상이한 열광: 일본과 조선, 칭찬의 차이

관중의 찬사

결승선을 통과한 손기정이 트레이닝복을 가지러 가볍게 달려가는 무심한 모습이 해외 사람들로부터 찬사를 받았다. 많은 선수들이 마라톤 풀코스를 뛰고 경기장에 쓰러져 움직이지 못하는 가운데, 지친 기색이 없는 우승자의 모습에 위풍당당함을 느꼈기 때문이다. 독일에 주재하던 무샤노코지(武者小路) 대사 부인은 베를린 올림픽 일본 선수들에 대한 평판을 다음과 같이 말했다.

> 마라톤에서 손 선수가 들어오던 때 같은 경우는 대단한 박수가 있었습니다. 특히 외국 선수들은 지쳐 쓰러지기도 했지만, 손 선수도 남 선수도 스스로 달려가 벗어두었던 트레이닝 바지를 직접 챙기는 모습을 보여줘서, 우리와 함께 있던 각국의 외교관들이

"일본인은 대단하다"고 놀라면서 칭찬을 해 주었습니다. 일장기가 올라갈 때는 물론이지만, 일본인이 대단하다고 칭찬받을 때만큼 마음이 뿌듯해지는 경우는 없을 것입니다.

―《도쿄아사히신문》, 1936년 8월 11일

대사 부인이나 외교단 사람들이 가진 손기정과 남승룡에 대한 인식은 말 그대로 '일본인'이라는 인식이다. 여기에는 손기정과 남승룡이 조선인이라고 하는 민족적 차별은 보이지 않는다. 올림픽이라는 국제무대에서 활약한 '일본인' 우승자들에 대한 존경심이 있을 따름이다. 일장기가 게양되고 기미가요가 울려 퍼지는 시상대라는 공간에 부여되는 힘이라고 할 수 있다. 관중들이 시선 속에 손기정과 남승룡이 서 있는 모습은 '일본인'으로서 비쳤다. 이 '영광의 순간'은 피할 수 없는 공간이자 운명이다. 이 일은 이후 큰 파장을 불러일으키게 된다.

손기정이 베를린 올림픽 마라톤을 제패하고 남승룡이 3위에 입상한 것은 제국 일본에 큰 기쁨이었다. 제국 일본은 기쁨의 열광으로 들끓고 있었다. 여기서는 먼저 일본의 상황을 살펴보자.

일본에서의 찬사

1936년 8월 10일자 《요미우리신문》에는 「'마라톤 일본' 세계를 정복」, 「이제서야 이룩한 24년의 숙원, 손기정에게 빛나는 "대회 최대의 승자" 남승룡도 최선을 다해 3등으로 입상」이라는 헤드라인의 기사가 실렸다. 가나쿠리 시소가 도전한 스톡홀름 대회로부터 24년 만에 마침내 거머쥔 금메달을 칭송한 것이다.

이날은 호외도 발간되었다. 경기장에 들어오는 손기정의 사진과 더불어 게재된 기사에서 올림픽 특파원 사이조 야소(西條八十)는 손기정의 골인 장면을 다음과 같이 묘사했다.

> 붉은 석양은 장내를 물들였다. 오후 다섯 시 반, 10만 명의 눈이 지하도 입구로 자석처럼 빨려 들어갔다.
> 그 순간! 포탄처럼 튀어나온 젊은이!
> 손! 손! 지하도를 달려 나와, 언덕 위에 타오르는 마라톤 성화를 바라본다.
> 작은 그의 몸에서, 흘러나오듯 경기장을 압도하는 큰 그림자!
> 박수, 박수, 환호, 성난 파도와도 같은 환호!
> 아, 누가 오늘의 이 승리를 예상했을까?
> 춤추라! 일어나라! 노래하라! 일본인!
> 일본은 보여줬다.
> 오늘 명료하게 보여줬다
> 이 작은 사내 속에
> 세계를 이끄는 약진 일본의 늠름한 현재의 모습을.
> ―《요미우리신문》, 1936년 8월 10일자 호외

시인 사이조 특유의 묘사 속에서 선수 손기정은 제국 일본의 영웅으로 묘사된다. 이 호외 2면에는 사토 히데사부로 코치의 인터뷰와 손기정, 남승룡 두 선수의 인터뷰도 실려 있다.

승리의 요인을 묻는 질문에 사토는 "서로 마음에 안 드는 일도 있었을 것입니다. 그러나 아무도 그것을 얼굴에 드러내지 않고, 모두가 전 국민의 열망에 부응하기 위해 강인한 정신력으로 결속해 주었기 때문이라고 생각합니다"라고 말하며 팀워크와 강한 결속력을 언급했다. 손기정과 남승룡도 각각 조금씩 인터뷰에 응답했다. 손기정은 속도를 내려고 할 때 하퍼의 조언이 도움이 되었다고 말했고, 남승룡은 메이지 대학 입학을 권유해 준 스즈키 다케시(鈴木武)와의 전화 통화에서 "선생님께서 말씀하신 대로 편하게 사신의 페이스로 달렸습니다"라고 말하며 스즈키에게 감사를 표했다.

다른 신문에서도 손기정과 남승룡의 승리에 관한 기사가 넘쳐났다. 8월 10일자 《도쿄아사히신문》에는 「마라톤 24년의 숙원이 이루어지다」, 「세계에 자랑할 만! 손 선수 멋지게 1등, 일장기 빛나는 남 선수도 당당히 3등」이라는 제목으로 마라톤 경기의 경과에 대한 상세 정보, 손기정과 2위를 차지한 하퍼 선수의 담화 등을 게재했다. 하퍼는 손기정에 대해 "머리끝에서 발끝까지 막강한 선수라는 말 외에는 달리 표현할 말이 없다"고 말했다.

고향 조선의 목소리와 레코드 기획

또한 11면에는 손기정과 남승룡의 모교인 양정고보의 안종원 교장이 기쁨의 눈물을 흘리는 모습을 싣는 등, 두 선수의 고향인 조선의 목소리도 보도하고 있다. 남승룡에 대해서도 「의리에 보답한 남군, 도쿄의 은혜를 베를린에서 갚다」라는 타이틀의 기사가 실렸는데, 여기에서도 남승룡이 스즈키 다케시 덕분에 베를린 올림픽 마라톤에서 활약할 수 있어서 감사하고 있다는 내용이 적혀 있다.

이튿날 8월 11일에는 손기정과 남승룡에 대한 기사 「반도 선수의 승리」가 실렸다.

> 올림픽 육상 경기는 마라톤 우승으로 화려하게 막을 내렸지만, 일장기의 게양이 반도 선수들의 선전에 의해 이루어졌다는 것은 의미가 깊다고 생각한다. 그것은 20여 년의 역사 속에서 쌓아올린 성적임에는 틀림없지만, 오랫동안 기대하면서도 몇 차례나 어긋났던 마라톤 일본의 영관(榮冠)이 반도의 신인 선수에 의해 '일본'의 머리 위에 씌워졌다는 것은 무엇보다도 특기할 만한 일이다. (……) 전쟁과 스포츠는 물론, 예술과 과학, 문화적인 면에서도 다가오는 황기 2천 6백년 도쿄 대회를 향한 4년 동안 세계기록을 준비해야만 한다. 내지인과 외지인이 함께 마음을 합치고 힘을 모아 그 위대한 기념탑을 쌓아 올려야 한다.
> ─《도쿄아사히신문》, 1936년 8월 11일

이 기사 내용은 의미가 깊다. 승리에 열광하는 기사가 아니라 손기정과 남승룡의 승리를 제국 일본의 상황과 연결시켜 기술하고 있기 때문이다. 마라톤에서 일본의 영관이 "반도의 신인 선수에 의해 '일본'의 머리 위에 씌워졌다"는 것은 일본의 조선반도 식민지 지배의 성과를 가리킨다. 가나쿠리 시소가 스톡홀름 대회에서 마라톤에 도전한 지 24년, 일본이 조선반도를 식민지 지배하기 시작한 지 26년, 사반세기 동안의 두 가지 성과를 승리로 보려는 것이다. 당시 식민지 정책의 슬로건인 '내선융화'를 두 사람을 통해 말하려 했던 것이다.

한편 9월 17일자 《도쿄일일신문》에는 다음과 같은 기사가 있다.

> 베를린 올림픽 대회 마라톤에서 손 군이 우승한 것은 20여 년 동안 국민들의 염원을 이룬 것으로, 기다림 끝에 승리한 원인이 체구의 크고 작음에 관계없이 신체의 단련에 바탕을 둔다는 것을 실제로 증명한 뜻 깊은 사건이며, 특히 그가 반도 출신이라는 사실은 내선융화에 일조하는 것이기도 하여 여러 면에서 참으로 축하하지 않을 수 없다.
>
> ―《도쿄일일신문》, 1936년 9월 17일

손기정의 마라톤 우승이 "내선융화에 일조"할 것이라고 말하며 손기정을 제국 일본의 영웅으로 취급하고 있다.

실제로 손기정의 마라톤 우승 후 손기정과 남승룡의 마라톤

공적을 기념하는 레코드 음반(음성 작품) 제작 착수가 검토되고 있었다. 8월 14일자《요미우리신문》에는 그 소식이 실렸다. 주제는 '일본 국민으로서 올림픽에 참가하여'이다.

이 음반 기획은 손기정과 남승룡에게 일본 국민으로서 본받을 만한 스포츠 정신이 있다고 보고, 그들의 승리의 감격을 음반에 담아서 내지를 비롯한 조선반도 전체에 배포하자는 것이었다. 이 기획에는 남승룡의 은인이기도 한 스즈키 다케시도 동의했고, 조선총독부 정무총감으로 임명된 오노 로쿠이치로(大野綠一郎)에게도 제안이 들어갔다. 조선총독부에서 두 사람에 대한 레코드 제작 단계까지 이야기가 진행되었던 것 같지만, 이후의 사건 때문에 유야무야가 된 듯하다. 어쨌든 두 조선 청년의 활약이 어떻게 받아들여졌는지 알 수 있다.[1]

실제로 이와 유사한 기획이 잡지 《세이넨(靑年)》(1936년 10월호)에 게재되었다. 「반도가 낳은 마라톤 왕, 아, 영관 뒤에 이 눈물」이라는 짧은 이야기이다. 삽화와 함께 실린 이 단편은 일본인 은사와의 관계를 바탕으로 손기정과 남승룡을 그리고 있다. 손기정에게는 미네기시 쇼타로, 남승룡에게는 스즈키 다케시가 등장한다.

---

[1] 이 음반은 콜럼비아 레코드에서 「우승의 감격」(컬럼비아 40733)이라는 타이틀로 실제 제작되었다. 일본육상경기연맹이 감수한 것으로 되어 있다. 또한 「마라톤 왕 손기정」(태평레코드 8242) 등 손기정 우승을 축하하는 가요 음반이 제작되기도 했다.

비록 내용은 사실관계가 크게 다른 부분이 여럿 눈에 띄는 픽션이지만, 공통점은 두 사람 모두 가난한 삶 속에서 고군분투하다가 미네기시나 스즈키와 같은 일본인의 도움을 받으면서 영광을 누리게 되었다는 성공 스토리이다. 일본인 교원의 은혜를 마라톤 우승으로 보답하는 조선인 손기정, 경제적 지원을 해준 은인에게 마라톤에서 건투로 보답하는 남승룡이 그려지는데, 이는 내선융화를 보여주는 것이었다.

조선 민족의 환희

다시 베를린 올림픽에서 손기정의 마라톤 우승으로 돌아가 보자.

손기정과 남승룡의 베를린 올림픽 마라톤 우승과 입상이라는 쾌거를 알게 된 조선 민중은 환희에 휩싸였다. 경성의 동아일보사 앞은 만세를 외치는 사람들로 넘쳐났고, 손기정의 모교인 양정고보에서는 여름방학 중이었음에도 불구하고 학생들이 교정에 나와 '마라톤 손기정 만세'를 외쳤다.

손기정의 우승과 남승룡의 입상을 축하하는 축전이 끊이지 않았다. 연일 손기정과 남승룡의 본가, 양정고보, 각 신문사에 축하 메시지가 쇄도했고, 조선 각지에서는 마라톤 제패 축하회 같은 것이 열렸다고도 한다.

손기정의 고향인 신의주에서는 우승을 축하하는 제등 행렬이 대대적으로 거행되는 등 축하 분위기가 최고조에 달했다.

나아가 두 사람의 생활에 관한 특혜를 제안하는 사람들도 등장했다. 광주의 최남주라는 인물은 손기정과 남승룡 두 사람에게 1,000원을 주기로 했고, 민족 기업가이자 호남은행 설립자인 현준호와 육영회는 두 사람이 학생 생활을 보낼 수 있도록 학자금을 보장한다고 발표했다.

그 뒤 양정고보에서는 동창회를 중심으로 손기정의 세계 제패를 기념하는 탑 건립 계획이 세워지고, 각지에서 손기정의 우승을 기념해 조선 내에 부족했던 체육관 건립 같은 것도 검토되기 시작했다. 베를린 올림픽 마라톤에서 손기정과 남승룡의 활약은 조선에 하나의 사회 현상을 불러일으키고 있었다.

8월 하순이 되자 경성의 동양극장에서 「마라톤 왕 손기정 군 만세」라는 연극이 공연되었다. 올림픽 마라톤에서의 쾌거가 보도된 후 제2, 제3의 손기정과 남승룡을 꿈꾸며 경성 곳곳에서 마라톤 연습에 매진하는 조선 청년들의 모습이 많이 목격되었다고 한다. 자신을 영웅과 동일시하는 것이 조선의 청년들에게는 즐거운 일이었으리라. 조선인들에게는 참으로 기쁜 우승이자 입상이었다.

올림픽 우승의 의미

'반도의 무희'로 불리던 최승희는 당시 세계를 주름잡았던 조선의 자랑스러운 무용가였다. 그녀는 손기정의 마라톤 우승 소식을 접하고 감격에 이른 마음을 다음과 같이 말했다.

> 내지인이 우승하는 것보다 조선인이 우승한 것이 몇 배나 더 기쁩니다. 조선인이 전 일본을 위해 일한 것이니 이보다 유쾌한 일은 없습니다.
> 그것은 내지 사람들이 가고시마(鹿兒島)니 오이타(大分)니 하면서 현민들끼리 뭉치는 마음과 같은 것이지요. 향토애라고 하는 게 아닐지요? 이번에 돌아오시면 실컷 축하해 드리도록 합시다.
> —《요미우리신문》, 1936년 8월 10일

최승희의 기쁨은 손기정이 같은 민족, 동포라는 이유에서 비롯된 것이지만, 조선인으로서의 민속의식을 일본의 향토 의식에 비유하면서 무리 없이 풀어내어 전달하고자 한 것이기도 하다. 이미 일본에서도 명성을 알리는 중이었기 때문에 발언의 무게감을 느끼면서 말했을지도 모른다.

손기정과 남승룡의 활약은 조선 민족에게 중요한 의미가 있다. 특히 조선 지식인들에게 두 사람의 쾌거는 스포츠에서의 승리 이상의 의미가 있었다.

손기정과 남승룡이 베를린 올림픽 마라톤에서 각각 우승과 3위를 차지한 다음 날인 8월 10일, 《동아일보》는 호외를 발행했다. 호외에는 「세계의 시청 집중 속, 당당 손기정 군 우승, 남 군도 3착 당당 입상으로」라는 헤드라인과 더불어 그 옆에 손기정의 2시간 29분 19초 2, 남승룡의 2시간 31분 42초라는 우승 기록과 입상 기록이 크게 게재되어 있다. 또한 동아일보사 앞에 몰려든 관중들의 모습을 담은 사진도 실려 있어 손기정과 남승룡의 경기 속보를 많은 사람들이 고대했다는 것을 알 수 있다.

하단에는 조선체육회의 윤치호, 양정고보 안종원 교장, 로스앤젤레스 올림픽에 출전한 김은배가 손기정의 우승을 축하하는 코멘트도 실려 있다.

윤치호는 "손 군의 우승은 20억의 승리"라는 코멘트를 했는데, 이를 통해 조선 민족의 자존심을 되찾게 되었다는 분위기가 감지된다.

윤치호는 식민지 조선에서 민족주의자로 활동한 명사이다. 조선인들이 1920년에 조직해 지속적으로 조선 민족의 스포츠 발전을 담당해 온 조선체육회 회장을 역임하고 있었다. 훗날 제국 일본이 총력전 체제로 나아가는 가운데 대일 협력자로 전향하지만, 손기정이 우승했던 때에는 조선 민족의 우수성을 전 세계에 알린 것에 대해 기쁨을 감추지 못했다.

이튿날 석간에는 「세계 제패의 조선 마라톤, 손, 남 양 선수의 위업」이라는 제목의 사설에 "조선의 아들인 손, 남 양군은 물론 세계에 자랑할 만한 철각(鐵脚)도 가졌거니와, 세계에 제패할 더욱 굳은 의지를 가진 것이라, 양군의 우승은 곧 조선의 우승이요 양군의 제패는 곧 조선의 제패다"(《동아일보》, 1936년 8월 11일)라는 내용이 실렸다. 여기서도 두 사람의 메달 획득이 조선 민족의 우수성으로 연결되고 있다.

《조선일보》(8월 11일) 조간 1면에는 「조선 남아의 기개 손기정의 장거(長擧)」라는 사설이 게재되는데, 여기에는 다음과 같은 내용이 실렸다.

> 우리의 이번 손, 남 양군의 승리로써 민족적 일대 영예를 얻은 동시에 민족적 일대 자신을 얻게 되었다. 즉 조선의 모든 환경은 불리하다 하더라도 우리의 민족적으로 받은 천품은 어느 다른 민족보다 앞섰지언정 뒤지지 않았으며, 노력만 하면 무엇이라도 성취할 수 있다는 것이다. 우리는 이미 스포츠에 있어서 세계의 반열에 참석할 자격을 얻었거니와 우리는 금후 문화적, 도덕적 기타 온갖 방면에 있어서도 세계적 수준에 달할 날이 있을 것을 믿는 것이다. (《조선일보》1936년 8월 11일)

스포츠에서의 승리가 민족의 자신감을 되찾는 계기가 되고 있다. 또한 2면에는 「조선의 용맹은 세계에—위대한 우리의 신영웅, 조선 청년의 새 역사를 세우다, 민족의 환희가 삼천리 강산에 가득」이라는 제목으로 두 사람의 활약이 크게 보도되었다. 손기정과 남승룡이 민족의 영웅으로 조선 민족을 대표해 주었다는 것을 강조하는 것 일색이었다.

《조선일보》의 같은 날 석간 2면에는 「스포츠 조선 최대의 감격! 표창대 위의 양군 찬(燦)! 월계수 수여식, 히틀러 총통, 손기정의 극적 악수 장면」, 「신의주에 전승 분위기」 등의 제목이 깔렸고, 조선의 지식인 중 한 명인 유억겸(俞億兼)의 담화도 실렸다. 축전이 쇄도하는 모습도 지면을 통해 확인할 수 있다.

《조선중앙일보》 8월 11일자에는 「마라톤 제패 손남 양군의 위업」이라는 내용의 사설이 실렸고, 4면에 실린 「올림픽 마라톤에 승리한 손남 양군의 쾌보 듣고」라는 제목의 기사에서는 두 사람의 활약이 조선 민족에 미치는 영향에 대해 언급하고 있다. 손기정, 남승룡의 승리로 인해 동양의 사정을 모르는 외국 사람들에게 조선 민족의 존재를 알리는 계기가 되었다는 것이다.

당시 조선인들의 환희는 오로지 스포츠에서 승리한 기쁨만은 아니었다. 물론 손기정의 우승을 기리고 그 승리에 조선 민중이 열광한 것은 사실이다. 그러나 이를 넘어서서 두 사람의 승리에서 민족으로서의 자신감과 우수성을 찾으려 했던 것이다.

식민지 지배를 받는 조선인들에게 지배가 정당화되는 상황에 대한 콤플렉스가 강했다. 거기에 손기정이 한 줄기 빛을 비춘 것이다. 조선 민족은 세계와 어깨를 나란히 할 수 있는 우수한 민족이라고. 다만 이를 주장하기 위해서는 손기정이 제국 일본의 영웅이 아니라 조선 민족의 영웅일 필요가 있었다.

지워진 '히노마루': 조선 지식인들의 저항

《동아일보》에서 사라진 히노마루

손기정의 베를린 올림픽 우승에 일본과 조선은 모두 열광했지만, 그 인식 속에는 분명한 차이가 있었다. 이 차이가 일대 사건을 일으키게 된다. 이른바 일장기 말소 사건이다. 조선의 민족주의적 경향이 이 사건을 야기했다고 할 수 있다. 앞에서 언급한 바와 같이 1936년은 2·26 사건의 결과로 좌익 운동, 우익 운동, 민족 운동에 대한 경계심이 높아지고 있었다. 그 가운데 사건이 일어났다. 먼저 사건의 개요를 확인해 보자.

손기정이 베를린 올림픽에서 우승한 1936년 8월 9일부터 보름 정도 지난 25일, 《동아일보》 석간에는 시상대에 선 손기정의 사진이 실린다. 그런데 가슴에 있어야 할 일장기의 히노마루가 흐릿해 일장기임을 알아볼 수 없도록 게재되었다. 사진에 찍힌 일장기가 지워져 있었던 것이다. 같은 날 조간에도 손기정, 남승룡, 하퍼 세 사람이 나란히 서 있는 사진이 실렸는데, 거기에는 손기정과 남승룡의 가슴에 일장기의 히노마루가 선명하게 드러났었다. 석간의 사진에서 일장기가 지워진 것은 의도적인 것임이 분명했다.

  이 일장기 말소를 주도한 사람은 이길용으로, 당시 동아일보의 스포츠 기자였다. 이길용은 동아일보사가 창간된 1920년의 이듬해에 운동부 기자로 입사했다. 한때 조선일보사에도 근무하다가 다시 동아일보사로 돌아와 《동아일보》와 이 회사가 발행하는 《신동아》 등에 스포츠 관련 기사를 집필하고 있었다. 1925년에는 조선인들이 조직한 조선체육회의 위원으로도 활동하며 각종 스포츠 대회 운영 등에도 관여하고 있었다.

  경기도 경찰의 보고서를 통해 사건의 자세한 내용을 살펴보자.

  사건 이틀 전인 8월 23일, 동아일보사는 경성부민관에서 손기정과 남승룡의 마라톤 사진을 모은 베를린 올림픽 영화 상영을 5시쯤에 개최할 예정이었다. 따라서 그 행사 개최를 알리는 기사를 지면에 게재하는 것을 검토하고 있었다. 이길용은 기사 하단에 손기정이 마라톤에서 우승했을 때의 사진을 넣으려고 8월 23일자 《오사카아사히신문》에 게재된 손기정의 사진을 스크랩해 회사 조사부 소속 전속 화가인 이상범에게 건넸다. 이때 이길용은 이상범에게 손기정의 가슴에 있는 일장기를 흐릿하게 만들어 잘 안 보이게 수정해 달라고 의뢰했다.

동아일보 체육부 이일용 기자.

저간의 사정에 대해 『동아일보사사』는 "이길용 체육부 기자가 조사부 소속 본보 전속 화가 이상범 기자에게 일장기 처리를 논의했는데, 그때 둘이는 그저 빙그레 웃었을 뿐, 별다른 말을 나누지는 않았다. 이심전심, 내어민 자도 받은 자도 서로의 의사가 소통되었던 것이다."(『동아일보사사 1권』)라고 적고 있다.

의뢰를 받은 이상범은 원화(原畵)에 색을 입혀 사진과장인 신낙균에게 사진을 제출했다. 8월 24일 오후 2시 반경, 편집국 사회부 장용수 기자가 사진부실에 들어왔을 때, 신낙균과 사진부의 서영호에게 아직 일장기 흔적이 남아 있으니 확실하게 지워 달라고 부탁했다고 한다. 서영호는 다량의 청산가리 용액으로 손기정의 가슴에 있는 일장기를 지운 뒤 인쇄부로 보냈다.

신문의 인쇄가 시작되었는데, 초판은 총독부의 사전 검열대로 가슴에 일장기가 선명하게 찍힌 사진이었지만, 제2판부터는 손기정의 가슴에 있던 일장기가 사라졌다.

일장기가 삭제된 사실이 당국에 알려지자 사건에 관여한 동아일보사 사원 몇 명이 불려 가서 조사를 받았다. 그 결과 "민족적 의식에 근거한 계획적인 불온 행위"라는 사실이 밝혀져 신문지법 제21조가 적용되었다. 즉, 일장기 말소는 "신문은 범죄를 선동하거나 범죄자 또는 형사피고인을 비호 혹은 구호하거나, 형사피고인을 모함하는 사항을 게재할 수 없다"는 조항을 위배한 것으로 간주되었다.

당시 이길용의 진술 내용은 아래에서 확인할 수 있다.

> 나는 동아일보가 조선 민중을 대상으로 창간하여 오늘에 이르렀으므로 조선 민족의 의사에 반하는 기사 편집은 지양해야 할 사명이 있다고 믿고 있기 때문에, 일장기를 해당 사진에 표출하는 것은 조선 민중인 독자들이 이를 환영하지 않을 뿐만 아니라, 우리 회사 내에서도 이러한 분위기가 있는 것을 감지하고, 이 같은 행동에 나서게 된 것이다.
>
> 또한 이번 올림픽 대회에서 손기정이 세계 기록을 세우며 우승한

《동아일보》(1936년 8월 25일)에 게재된 손기정. 오른쪽이 조간(중앙), 왼쪽이 석간 지면.

사실에 관해서는, 손기정은 조선인임에도 불구하고 조선 민족의 대표자로서 올림픽에 출전하여 우승하였다고 세계에 발표하지 못하고 일본이 우승하였다고 발표할 수밖에 없는 것은, 우리 조선인으로서 매우 개탄스러운 일이 아닐 수 없으므로, 우리 회사에서도 대다수의 사원이 이에 대해 긍정적으로 말하고 있는 상황이라고 진술했다.
──「동아일보 발행정지에 관한 건」, 『경찰정보』

여기서도 분명히 알 수 있듯 이길용을 중심으로 한 동아일보사 사원들은 손기정의 가슴에 달린 일장기를 지움으로써 조선인의 기대에 부응하고 제국 일본의 영웅을 조선 민족의 영웅으로 되찾으려 했다.

송진우 사장의 고뇌

송진우는 일장기 말소 사건 당시 동아일보사 사장이었다. 순조롭게 경영하던 중에 발생한 이 사건으로 인해 경영진은 동요하게 된다.

송진우는 동아일보사의 존폐를 내걸고 대책을 강구하며 분주히 움직였다. 송진우가 가장 먼저 찾아간 사람은 도쿄에서 경성으로 돌아와 있던 이영개였다. 이영개는 일본인과 강력한 인맥을 가진 인물이었다. 총력전 시기에는 금강항공주식회사의 대표를 맡았고, 대일본황도회의 이사도 역임했다. 이러한 활동으로 해방 후에는 친일파로 인정되기까지 한 인물이다.

송진우는 이영개에게 시라카미 유키치(白上佑吉)를 만나게 해 달라며 중개를 부탁했다. 시라카미 유키치는 도야마현 경찰부장을 지내다 1919년 8월 조선총독부 사무관으로 조선에 건너와 1920년 5월에는 경무국 보안과장으로 임명된 인물이다.

시라카미는 조선총독부가 3·1 운동 이후 사이토 마코토 총독하에서 문화 정치를 추진하는 가운데 통치 쪽의 입장에서 조선인 민족 신문의 필요성을 주장해 1920년 4월 《동아일보》 창간을 추진하기도 했다. 그의 친형은 육군 군인으로서 훗날 수상이 된 하야시 센주로(林銑十郎)이다. 하야시는 만주사변 당시 조선군사령관으로, 사이토 내각, 오카다 내각 시기에는 육군 대신을 역임하기도 했다. 송진우는 시라카미의 동아일보사에 대한 이해와 그의 두터운 인맥을 통해 도쿄에 영향을 끼칠 수 있기를 기대했다.

송진우는 이영개에게 "이번 사건으로 미나미[지로 조선총독]는 어떻게든 동아일보를 끝장내 버리려는 결심을 굳힌 모양입니다. 그래서 이를 막고 동아일보를 구하기 위해서는 도쿄의 중앙정부 요직에 이야기를 건네는 것 외에는 방법이 없다고 생각하는데, 이를 위해서는 당신의 힘이 꼭 필요합니다"(《마이니치신문》, 1975년 1월 24일)라고 말했고, 이영개는 송진우의 부탁을 받아들여 시라카미를 소개했다.

특고 경찰의 감시망을 피해 도쿄로 향한 송진우는 시라카미 유키치를 만났다. 시라카미 앞에서 송진우는 《동아일보》의 존속을 간절히 호소하며 폐간을 피하고 싶다는 뜻을 전했다. 시라카미는 송진우의 호소를 수긍했다고 한다. 결국 《동아일보》는 폐간은 피할 수 있었지만, 8월 29일 총독부 경무국의 명령에 의해 정간 처분을 받게 된다.

《동아일보》정간의 이유

경영진의 분주한 노력에도 불구하고 일장기 말소 사건의 영향이 커서 정간은 피할 수 없었다.

일장기 말소 사건에 신문지법 제21조를 적용한 이유와 사건의 경위를 총독부 경무국의 보고서를 통해 확인해 보자.

동아일보사에 《동아일보》의 발행 정지 처분을 통보한 후 총독부 경무국장은 다음과 같이 발표한다.

> 동아일보는 이번에 발행 정지 처분을 받았습니다. 얼마 전 베를린에서 개최된 세계 올림픽 마라톤 경기에서 우리 조선 출신 손기정 군이 우승의 월계관을 획득한 것은 우리 일본 전체의 명예이며 내선(內鮮) 공히 크게 축하해야 할 일일 뿐만 아니라 내선융화에 기여할 것이므로, 경솔하게 이를 역이용하여 조금이라도 민족적 대립의 기운을 불러일으키는 일이 있어서는 안 될 것입니다.
>
> 그럼에도 불구하고 실제로는 신문 기사 같은 데서 자칫 대립적 감정을 자극하는 듯한 논조를 드러낸 것이 있어서 일반적으로 유감스럽게 여겨지는 바입니다. 그런데 동아일보에 관해서는 종래 당국의 주의가 여러 차례 있었음에도 불구하고, 8월 25일자 지면에 손기정 군의 사진을 게재하면서 그 사진에 선명하게 드러나야 할 일장기가 고의로 지워진 흔적이 있었기 때문에, 즉시 압수 처분을 하고 그 실상을 조사해 보니 오른쪽 8월 13일자 오사카아

사히신문에 게재된 손기정 군의 사진을 전재할 때 일장기가 신문 지면에 표시되는 것을 꺼려 기술을 이용하여 이를 지웠다는 사실이 밝혀졌기 때문에, 결국 그 신문사에 대해 발행 정지 처분을 내리게 되었습니다. 말할 필요도 없이 이와 같은 비국민적 태도에 대해서는 향후에도 엄중히 단속할 방침이지만, 일반에게도 잘못을 저지르지 않도록 주의해 주셨으면 합니다.

——「손 선수의 마라톤 우승과 일장기 마크 말소 사건」, 『녹기 팸플릿』 제5집

경무국장의 발표에 나타난 일본의 인식은 앞서 살펴본 일본 신문의 보도와 유사함을 알 수 있다. 즉 손기정의 우승은 제국 일본의 승리로서, 이 우승은 '내선융화'에 기여해야 하므로, 민족적 대립에 이용해서는 안 된다는 것이다. 일장기를 지우는 행위가 조선인에게 민족 운동의 재발화를 부추기고 일본인에게도 대립적 감정을 불러일으킨다는 점에서 그 행위의 불법성이 인정되고 있다.

《동아일보》는 일장기 말소 사진을 게재한 지 나흘 뒤인 8월 29일자로 발행 정지 처분을 받았다. 식민지 시기 《동아일보》의 발행 정지 처분은 이로써 네 번째가 되었다. 다만, 이때의 발행 정지 처분은 9개월이라는 긴 기간으로 이어지게 되어, 경영상의 피해가 컸다고 한다.

손기정의 우승에 대한 조선 민중의 기대에 따라 민족주의적 보도를 행한 것이지만, 식민지 사회의 안정을 바라던 총독부

당국으로서는 응당 이를 우려할 수밖에 없었다. 더욱이 일본의 상징인 일장기를 말소하는 행위는 정서적으로도 용납될 수 없었다. 일장기 말소 사건은 제국 일본 내 지배-피지배 관계에서 생겨난, 서로의 자존심이 맞부딪친 사건이기도 했다.

친일 단체의 성명

경무국장의 발표에 호응이라도 하듯, 대동민우회가 다음과 같은 성명을 발표했다. 이 단체는 민족주의자에서 친일파로 전향한 이들의 보호와 구원을 목적으로 한 조선인들의 친일 단체이다.

> 우리는 우선 손 군의 우승을 조선인만의 영광으로 여기는 편협한 태도를 거부해야 한다. 손 군의 출전이 일장기 아래에서 이루어졌고, 경기에서의 승리가 펄럭이는 일장기와 전 일본 국민의 환호 속에서 이루어졌다는 사실을 잊어서는 안 된다. 이번 손 군의 우승을 통해 내선 양 민족의 심장과 심장을 관통하는 공통의 환희와 감격이 얼마나 두 민족의 감정과 정서의 융합을 가져왔는지를 잊어서는 안 될 것이다.(……)
> 앞에서 말한 바와 같이 손 군이 일본 선수 자격으로 올림픽 대회에 출전하였다는 것은 다시 반복할 필요도 없고, 또 그 승리가 일본 선수의 자격으로 거둔 승리라는 것도 이미 세계가 인정하는

것이므로 여러 말 할 필요조차 없다. 그러나 상기 동아일보가 해당 사진을 게재하면서 고의로 일장기의 흉장을 지워버리는 폭거를 감행한 그 동기는 거의 어린이의 장난과 다름없는 것이지만, 그 결과는 실로 심각한 것이다.
——「대동민우회 결성 및 활동 개황」,『사상휘보』제13호

여기에서도 손기정의 우승은 일본과 조선의 융화를 보여주는 것으로 간주되며, 손기정의 우승에 대해 민족주의적인 논조와 주장은 기피되고 있다. 손기정의 올림픽 출전은 일본을 대표한 것이고, 국가라는 단위를 가지지 않으면 이루어질 수 없는 꿈이 된다. 각국의 승인은 국가라는 배경에 있어야 하며, 올림픽이라는 공간은 그것이 반영되는 장소였다.

다른 세계의 사람들에게는 제국에 편입된 민족의 모습은 보이지 않는다. 조선 민족의 목소리가 닿지 않는 세계가 이들을 구원해 주지 않았다.

'내선융화'의 실상

일장기 말소 사건은 조선총독부에 의해《동아일보》의 발행 정지 처분이 내려짐으로써 일단락되었다. 그러나 이 사건을 통해 명확해진 것은 손기정이 세계 최고가 된 것을 둘러싸고 식민지 사회의 지배-피지배의 대립이 표면화되었다는 사실이다. 그 대

립을 해소하기 위해서는 조선인들에게 손기정을 내선융화의 상징으로 인식하게끔 강요해야 했다.

그렇다면 내선융화가 진전되었다면 일장기 말소 사건이 일어나지 않았을까? 이 시기 식민지 조선에서의 내선융화의 상황을 확인해 보고자 한다.

〈표〉 1936년(1-6월) 내선융화 상황 조사표
(출처 : 「昭和11年前半期朝鮮思想運動槪觀」을 기초로 저자가 작성)

	진정으로 융화되었다고 인정할 만한 자	일시적으로 융화된 자	융화되지 않은 자	무관심한 자	합계
관료	538	248	35	79	900
지식인	431	414	113	99	1057
농/노동	269	430	370	877	1946
종교인	83	151	171	143	548
학생	382	399	127	257	1165
기타	281	233	105	368	987
계	1984	1875	921	1823	6603
비율	0.3004	0.2839	0.1394	0.276	
비고 : 본 도표는 조사 기간 중 헌병이 직접 조선인을 조사한 것임.					

이 표는 1936년 상반기 내선융화 상황 조사 결과를 나타낸 것이다. 6,603명의 조선인을 대상으로 한 이 조사는 헌병에 의한 관찰 조사이기 때문에 지배자 쪽의 관점에서 이루어진 것이기는 하지만, 융화와 이질감이 어느 정도인지 파악하려 했다는 점에서 흥미롭다. 조사 대상을 직업별로 나누어 내선융화의 정도를 '진정으로 융화되었다고 인정할 만한 사람', '일시적으로 융화된 사람', '융화되지 않은 사람', '무관심한 사람'으로 설정하고, 그 결과를 토대로 각각의 속성을 분류했다.

표에서 볼 수 있듯이 공직에 종사하는 관료와 지식인 대부분은 융화 상황 속에 있는 것으로 관찰되었다. 반면 노동자나 농업 종사자들은 융화 상황 속에 있지 않고, 융화가 가능하지 않거나 무관심 상태인 경우가 다수 존재함을 확인할 수 있다. 이 조사 결과를 바탕으로 조선의 총인구 등을 통해 다음과 같이 분석했다.

크게 보면 일부 조선인에 대해서는 내선융화를 넘어 내선일체라고 할 수 있는 정도의 사람까지 나타나고 있지만, 일본인의 '인종적 우월감'과 조선인의 '민족적 편견'으로 인해 내선융화 상황을 만들어 내는 것은 어려웠다. 융화가 인정되는 것은 대략 20퍼센트 정도이다. 일시적으로 융화되었다고 볼 수 있는 사람들은 25퍼센트 정도로 추정되는데, 이들은 일종의 이해관계에 의해 융화가 성립된 사람들이어서, 자세히 들여다보면 융화가 되어 있지 않다고 한다. 완벽하게 소외된 상황에 있는 조선인은 6퍼센트 정도인데, 이 사람들은 민족의식이 강해 사상이나 풍속, 습관을 바꾸기는 어렵다고 한다.

  가장 많은 것은 역시 내선융화에 무관심한 사람들이다. 일본인들과 거의 교류가 없는 산간부의 부락민이나 하층 농민들이 많았다. 이들은 "세상일에 무관심하고 오로지 자기 생활의 안정과 행복만을 추구하는 이들로서, 하루 아침의 이해관계 혹은 주의자의 선동으로 인해 좌우 어느 쪽으로든 치우치기 쉽"다는 우려를 낳았다. 전체 인구의 절반에 가까운 이들 무관심층이 조선의 민족운동으로 기울게 되면 통치 측으로서는 무서운 사태에 직면하게 된다.

  이러한 내선융화의 상황 조사를 감안할 때, 대다수의 민중들 특히 무관심층에게 자극을 주는 스포츠 영웅들의 영향력은 헤아릴 수 없을 정도여서, 당국은 손기정과 남승룡을 내선융화의 상징으로 삼을 필요가 있었다.

경계 대상 인물로:
'초대받지 못한 자'가 되다

태극기와의 만남

베를린 올림픽 마라톤에서 우승한 손기정과 3위로 입상한 남승룡은 조선에서 민중이 환호하는 가운데 일장기 말소 사건이 일어났다는 사실을 몰랐다. 손기정은 8월 16일 베를린 올림픽이 폐막한 뒤 19일에 귀국하는 배에 올랐다. 프랑스와 이탈리아를 지나 수에즈 운하, 봄베이(지금의 뭄바이), 홍콩 등을 거쳐 9월 6일 나가사키, 7일 고베에 도착하는 여정이었다. 귀국길에 오르기 전 경기가 끝난 뒤 열흘 정도 베를린에 머무는 동안 손기정은 훗날 대한민국 국기가 되는 태극기를 만나게 된다.

이때 베를린에는 안봉근이라는 조선인이 있었다. 그는 이토 히로부미를 암살한 안중근의 사촌 동생이다. 그렇다고 그 자신이 민족 운동에 힘썼다는 기록은 없다. 《삼천리》 1936년 2월호에는 안봉근을 소개하는 기사가 실려 있다. 안봉근은 단신으로 베를린에 건너가 고생하면서 자금을 마련해 두부 가게를 운영하면서 성공하고 많은 재산을 모았다.

마라톤 우승 후 손기정은 《동아일보》 특파원으로 베를린 체류 중이던 권태하, 정상희의 손에 이끌려 남승룡과 함께 안봉근이 주최하는 환영회에 참석했다. 안봉근의 집에 초대받은 손기정은 그의 서재에서 처음으로 태극기를 마주한다.

> 안봉근 씨의 안방에 들어선 나는 난생 처음 태극기를 보았다. 선명한 색깔로 나뉜 음과 양, 그리고 태극을 감싼 괘. 저것이 태극기로구나. 저것이 우리의 깃발이로구나. 온몸에 뜨거운 전류가 흐르는 듯 나는 몸을 부르르 떨었다. 잃었던 조국, 죽었던 조국의 얼굴을 대하는 듯한 기분이었다. 탄압과 감시의 눈을 피해 태극기가 살아 있듯 조선 민족도 살아 있다는 확신이 마음을 설레게 했다.
> ―『나의 조국, 나의 마라톤: 손기정 자서전』

손기정은 극동의 고국에서 멀리 떨어진 땅에서 민족을 상징하는 태극기를 걸고 조선 민족으로서의 정체성을 느끼며 살아가는 동포의 모습에서 조선 민족을 본 것이다.

조선의 민족 운동을 하는 사람들이 유럽에 많았던 것은 사실이다. 1933년 제네바에서 국제연맹 임시총회가 열렸을 때 대표인 마쓰오카 요스케(松岡洋右)가 인솔한 일행 중 사무 촉탁으로 동행한 박석윤은 외무성으로부터 유럽에서 민족 운동을 하는 조선인들에 대해 조사해 달라는 의뢰를 받았다. 안봉근이 두부가게 사업에 성공한 이익을 민족 운동을 하는 유럽 조선인들의 자금으로 제공했다는 보고도 있다.

  해외에서 생활하는 동포들의 모습, 그들이 소중히 여기는 태극기, 이러한 것들과의 만남과 경험은 손기정에게 영향을 끼쳤다. 마라톤에서 금메달을 따기 전까지는 해외에서 인지도가 그리 높지 않았던 손기정도 마라톤 우승 후 각종 환영회 등에서 사인을 요청받으면 거기에 한글로 '손기정'이라고 쓰고 출신 국명은 영어로 'KOREA'라고 적었다.

특고 경찰의 감시

일장기 말소 사건으로 손기정은 당국의 경계 대상이 되었다. 손기정을 만나 보고 싶다는 조선 민중이 모여들어, 그들이 민족주의자들에게 선동당할 가능성이 있었기 때문이다. 일장기 말소 사건이라는 큰 사건 이후, 식민지 조선 당국은 손기정이 귀국한다는 소식에 경계심을 높였다.

  손기정에 대한 경계가 강화되었음을 보여 주는 사료로 내무성 경호국에서 발행한 《특고외사월보》가 있다. 1936년 8월호 《특고외사월보》의 「조선인 운동 상황」에는 손기정과 남승룡의 베를린 올림픽에서의 활약으로 민족주의 운동이 고양되는 상황에 대해 주의를 촉구하는 보고서가 있다. 이 보고서에서는 민족주의 운동이 고양되는 배경으로 2·26 사건 이후 일부 조선인이 "국체를 대하는 국민의 확신에 동요를 일으키는 듯한 그릇된 생각"을 품게 되었다고 하면서 아래와 같이 적고 있다.

> 더욱이 제11회 올림픽 대회에서 손기정, 남승룡 선수의 우승은 일반 조선인들에게 큰 충격을 주었는데, "전 국민의 24년 숙원 달성"이라 하여 내지인들의 환희에 화답하는 자가 있는 한편, 일부의 편협한 이들에게 이는 "조선 민족의 우수성을 증명한 것"이라 하여 "두 선수의 우승이 곧 조선의 우승이고 두 선수의 제패가 곧 조선의 제패이다"라 하여 최대한 민족의식을 유발하거나 그 앙양에 힘쓰는 바 있어, 그 때문에 한때 쇠퇴했던 민족주의 운동도 최근 다시 부상하는 추세가 뚜렷해지고 있다.
> ─내무성 경호국, 《특고외사월보》, 1936년 8월호

내무성은 조선의 각 신문이 손기정과 남승룡의 활약을 "조선 민족의 우수성을 증명한 것"이라 보도하면서 민족 운동을 유발한다며 경계하고 있다. 그다음에는 일장기 말소 사건을 들면서 일본 내 조선인 유학생들의 행동에 대해서도 언급하고 있다.

《특고외사월보》 10월호에서도 손기정과 남승룡에 대한 언급이 있다. 여기에는 다른 육상 선수들과 함께 고베항으로 귀항해 오사카에서 열린 환영회에 참석한 뒤, 이튿날 도쿄로 향할 때 "당시 두 선수는 대오의 맨 뒤에 있으면서 일반 조선인의

접근을 쉽게 하려는 듯했고, 일부 민족주의자의 의도에 영합하려 하는 듯한 행동을 보였다"(내무성 경호국, 《특고외사월보》, 1936년 10월호) 고 기재되어 있다. 손기정과 남승룡의 행동에 불신할 만한 점이 있으면 사소한 일도 감시되고 있었다는 사실을 알 수 있다.

특히 손기정에 대해서는 "독일에 있는 동안 손기정은 다수의 외국인들의 '사인' 요구에 응하면서 'KORE(고려) 손기정'이라고 적는 등 부적절한 행동"을 했다며, 독일에서도 특고 경찰에 의해 행동이 관찰·감시되고 있었다.

이 보고서에는 다음과 같이 적혀 있다.

> 손, 남 두 선수는 제국 대표 선수로 출전하였고, 이들의 우승에 관해서는 지도자 및 국민들의 열렬한 지도 후원에 힘입은 바가 크므로, 이번 우승 귀국에 즈음해서도 전 국민적으로 축하와 환영을 받아야 할 것이다. 이에 따라 이미 상륙하자마자 일본육상경기연맹의 환영회가 있었고, 제도(帝都)에서도 대일본체육협회, 도쿄시 등 기타 공적 기관에서 성대한 환영회 개최 계획이 있으므로, 조선인의 독자적인 환영회 개최는 불필요하다고 인정된다. 한편 전술한 바와 같이 두 선수의 귀국을 계기로 내외의 민족주의 운동이 상당히 고조되고 있는 상황이며, 이러한 때 조선인만 참여하는 별도의 환영회나 위문회 등의 개최를 허용하여 민족적 감정이 흘러가게 되면 내선인 대립의 기운을 조성할 우려가 없지 않다는 점을 감안하여, 경시청에서는 조선인만의 환영회 등은 일체 허락하지 않는다는 방침을 취하고, 상기 재경 조선인의 환영

계획에 대해서는 타일러 중지시키고, 도내 각 대학 조선 유학생의 추계 육상운동회에 대해서도 환영 분위기가 진정된 후 개최하도록 권고하는 등 엄중 단속을 가하고 온갖 불온한 움직임을 저지하였다.

──내무성 경호국, 《특고외사월보》, 1936년 10월호

이렇게 엄중한 단속으로 인해 손기정과 남승룡이 귀국하더라도 동포들은 이들을 성대하게 축하할 수 없었다. 일본 측이 일본인과 조선인의 대립을 회피하기 위해, 고조되는 조선인들의 민족 운동 분위기를 진정시키는 데 신경을 곤두세우고 있었기 때문이다.

초대받지 못한 자

이러한 상황은 스포츠계에도 전달되었을 것으로 보인다. 그러나 손기정과 남승룡이 요주의 인물로 취급된 것에 대해 대일본체육협회나 협회 관계자들의 사료에서 직접적으로 언급된 바는 없다. 정치성이 너무 강해서 다루지 못했거나 스포츠 관계자들이 이 문제에 대해 굳이 언급하지 않기로 한 것일 수도 있다.

그 예로, 대일본체육협회 주최로 10월 3일에 히비야(日比谷) 대음악당에서 열린 대표단 환영 보고회를 들 수 있다. 베를린 올림픽 일본 대표단 단장을 지낸 히라누마 료조는 이 보고회에

서 베를린 올림픽에 대한 소감을 보고했다. 히라누마는 베를린 올림픽에서 일본 선수들이 활약한 종목과 선수명을 각각 거론했는데, 마라톤에 대해서는 우승에 대해 평가를 하면서도 손기정과 남승룡의 이름은 일절 언급하지 않았다.

히비야 대음악당에서 히라누마가 마라톤 우승에 대해 말한 부분을 보자.

> 역시 코치가 매우 잘 주의를 기울이고 훈시를 아주 잘 주었고, 선수들은 이에 절대복종하면서 잘 달려서 이렇듯 좋은 결과를 낸 것이라고 나는 끝까지 믿고 있습니다. 이는 역시 일본의 매우 자랑할 만한 미덕이 아닐까 하는 것을 느끼게 되었습니다.
> ─히라누마 료조, 「올림픽에서 돌아와서」, 『올림픽』

위 글에서는 두 선수가 코치에게 절대복종한다는 상명하복의 관계를 찬양하는 자세가 나타난다. 이를 스포츠에서 일본 정신을 발휘한 한 사례로 소개하고 있다.

그러나 역시 스톡홀름 대회에서 가나쿠리 시소가 마라톤에 도전한 이래 24년 만에 숙원을 달성한 손기정의 이름을 거론하지 않는 데에는 다소간 위화감이 느껴진다. 공개 석상에서 두 사람의 이름을 말하지 못하고, 이를 기피해야 하는 상황이 었을 가능성도 부정할 수 없다. 왜냐하면 히라누마는 1942년에 쓴 『스포츠 생활 60년』에서 "손기정, 남승룡 두 선수가 마라톤에서 눈부신 승리를 거둔 것은 매우 큰 감명을 주었고, 일본인을 이해시키는 데 큰 역할을 했다"며 두 사람의 이름을 거론하면서 이들의 마라톤 활약을 극찬하고 있기 때문이다.

　이처럼 손기정은 베를린 올림픽에서 빛나는 성적을 거뒀지만, 귀국 후에는 영웅인 동시에 초대받지 못한 자로 남았다. 그것은 식민지 조선에서 온 일본 대표 선수라는 처지에 대해서, 일본이라는 국가와 조선 민족의 각기 다른 생각이 강하게 반영된 결과이기도 했다.

제4장

제국 일본에 휘둘리다:
1936-1945년

일본 유학: '마라톤 포기'의 조건

일본으로의 귀국과 감시에 대한 스트레스

손기정은 일본으로 돌아가는 배를 탔다. 일장기 말소 사건은 귀항하던 중 싱가포르에서 정상희로부터 처음 들었다고 한다. 사건의 자세한 내용을 알게 된 것은 상하이에 기항했을 때였다. 자서전에 따르면 "올림픽 우승의 시상대에 오른 내 사진의 일장기를 지워버린 사진이 게재되어 동아일보는 정간되고 기자들이 투옥되었다"는 이야기를 신국권 씨의 부인으로부터 전해 들었다. 일본으로 귀국한 뒤 손기정에게 먹구름이 드리우기 시작했다.

1936년 10월 6일, 도착한 나가사키에서는 많은 관중들이 올림픽을 마치고 돌아온 육상 선수단 일행 49명을 환영했다. 손기정은 나가사키에서 다음과 같이 인터뷰에 응했다. 앞부분은 마라톤 레이스에 대해 회고하는 내용이었지만, 뒷부분에서는 "저같이 볼품 없는 남자를 여러분께서 칭찬해 주시니 그저 걱정만 끼쳐드릴 뿐 아무것도 할 수 없어 죄송합니다. 앞으로도 더욱 연습을 많이 할 생각입니다. 제가 받았던 월계수 나무는 고사하고 말았습니다"(《도쿄아사히신문》, 1936년 10월 7일)라고 말했다.

일행은 배를 타고 그대로 고베로 향했다. 고베에서는 남승룡의 아버지가 아들의 모습을 보기 위해 기다리고 있었다. 붐비는 사람들 속에서 부자는 재회의 기쁨을 나눴다. 고베에서도 손기정은 인터뷰에 응했다. 고사한 월계수 나무에 대한 것이었는데, "괜찮다고 합니다. 잘 관리하면 죽지 않을 겁니다. 저는 곧 소선의 학교에 돌아가서 월계수를 심으려 합니다"(《도쿄아사히신문》, 1936년 10월 9일)라고만 말했다.

손기정은 어딜 가든지 경찰 등으로부터 감시를 받고 있었다. 나가사키부터 시작해서 고베에서 기차를 타고 이동한 도쿄에 이르기까지 올림픽에서 승리하고 돌아온 선수들을 환영하는 사람들로 넘쳐났지만, 손기정의 기분은 우울했다.

이때의 일을 손기정은 "사람을 만난다는 것이 무서워졌다. 어떻게든 빨리 도망가고 싶을 뿐이었다"고 말한다. 손기정은 이러한 감시의 스트레스에 극도로 지쳐 있었다. 올림픽 선수단은 도쿄에 체류하게 되었다. 손기정이 도쿄의 마루노우치 호텔에 머무는 동안 양정고보의 담임 황욱이 마중을 나와 주었다. 마침 남승룡의 은인이기도 한 스즈키 다케시가 축하 인사를 전하기 위해 손기정을 만나러 와 있었다. 손기정의 심정을 들은 스즈키는 주변에 있던 경찰을 꾸짖고서는 쫓아냈다고 한다.

조선으로의 개선

1936년 10월 17일, 손기정은 황욱과 함께 조선으로 돌아온다. 조선의 민족 영웅의 개선(凱旋)이었다.

손기정은 비행기를 타고 경성의 여의도 비행장에 착륙했다. 비행장에는 수천 명의 조선 민중이 몰려들었는데, 이들은 경찰관들에 의해 제지당했다. 비행기에서 내린 손기정은 양정고보의 제복을 입고, 승자의 증표인 월계수 묘목을 손에 들고 있었다. 비행장에는 그동안 그를 지원해 주던 사람들도 모여 있었다.

손기정은 그 재회에 감격했다. 형 손기만, 양정고보 교장 안종원, 양정고보 교직원들, 조선체육회 이사 김규면, 김용구, 신의주의 은사 이일성까지 달려왔다. 손기정도 눈시울을 적셨지만, 그를 마중 나온 사람들도 눈물을 흘렸다.

비행기에서 내린 손기정이 다음으로 향한 곳은 조선 신궁이었다. 안종원의 안내로 자동차에 올라 조선 신궁으로 향했다. 신궁 참배를 마치고 손기정은 다음 순서로 모교인 양정고보에 들러 교직원들과 인사를 나누고 그날의 일정을 마무리했다.

손기정은 조선 총독 미나미 지로(南次郞)도 만났다. 10월 19일

오후 2시, 교장 안종원, 교감 서봉훈과 함께 조선총독부를 방문한다. 도미나가 분이치(富永文一) 학무국장 겸 조선체육협회 회장과 먼저 인사를 나눈 후, 도미나가 미나미 지로가 기다리는 방으로 안내했다. 손기정은 조선총독부의 후원에 대해 감사의 뜻을 전했다. 여기에 대해 미나미 지로는 다음과 같이 답했다.

> 자네가 손 군인가? 이번 올림픽 대회에서 우승한 것은 우리 일본인에게 기쁜 일이네. 자네는 학생이니까 그 본분을 굳건히 지키고 더욱 분발해 주길 바라네. 주위의 부추김에 마음이 느슨해져 잘못된 길에 들어서지 않도록.
> ─《성성일보》, 1936년 10월 20일

미나미 총독의 이 말에 대해 손기정은 "각하의 교훈을 잘 새겨 자중하겠습니다"라고 답했다. 손기정은 일본과 조선에서 경찰의 감시를 받으면서 자신의 행동에 대해 '자중'하라는 이야기를 들은 것이다.

김성수와 보성전문학교

올림픽에서 금메달을 획득한 손기정은 인생의 다음 행로의 선택에 직면하게 된다. 이듬해인 1937년 3월에 양정고보를 졸업

할 예정이었기 때문이다. 그는 이후의 진로를 고민한 끝에 진학을 선택했다.

손기정이 목표로 한 것은 도쿄고등사범학교[이후 도쿄교육대학, 지금의 쓰쿠바(筑波) 대학] 체육과였다. 1936년 12월에 시험을 치렀다. 모집 정원 30명에 230명의 지원자가 몰려든 아주 어려운 시험이었다고 한다.

《요미우리신문》에 따르면, 12월 28일 시험 당일 손기정은 1시간 30분 정도 지각을 했다. 그 이유는 알 수 없다. 손기정은 마지막인 230번째로 응시했고, 실기 시험에서 자신이 잘 못하는 철봉과 구기 종목인 농구, 축구 등에도 도전했다. 그러나 육상 장거리 종목을 제외한 다른 종목은 잘하지 못했고, 이듬해 1월 26일의 합격 발표에서 불합격 처리되었다.

그 뒤 와세다 대학으로의 진학도 희망했다고 하는데, 실제로 시험에 응시한 흔적은 없다. 이리하여 드디어 3월 졸업이 다가오고 있었다.

손기정은 마음을 굳히고 조선 민족의 유력자 김성수를 찾아갔다. 김성수는 호남의 재벌을 이끄는 인물로서, 실업계(경성방직), 교육계(보성전문학교), 언론계(동아일보사)의 실력자였다. 김성수는 조선 민족의 발전을 위해 근대화를 추진한 민족주의자였다. 회사 경영과 사업을 위해 조선총독부와의 관계를 잘 유지하면서 민족 자본을 발전시켰다. 조선 민족을 위해 기여하면서도 식민지 권력과도 협력했다는 점에서 그에 대한 평가는 양분된다. 참고로 일장기 말소 사건이 일어났을 때는 동아일보사

중역이기도 했다

손기정이 김성수를 찾아간 것은 그가 보성전문학교(이하 보성전문, 지금의 고려대학교) 교장이었기 때문이다. 손기정은 김성수에게 입학을 희망한다는 뜻을 전하러 갔다.

김성수는 손기정을 따뜻하게 맞이했다. 올림픽 금메달리스트라는 민족의 영웅을 함부로 대하려 하지 않았다. 손기정은 1937년 4월 문제없이 보성전문에 입학한다. 보성전문은 1905년에 설립된 조선인을 대상으로 한 명문 고등교육기관으로, 스포츠에서도 조선 민족을 이끄는 학교 중 하나였다.

손기정은 보성전문 육상부에 소속되어 경기에 출전했다. 보성전문 육상부는 1935년 이후 경기에 힘을 쏟기 시작했다. 1935년에 개최된 제1회 경수역전경기대회에 참가해 우승을 차지했고, 1937년 제3회 대회에서도 손기정을 팀에 영입해 우승을 차지했다. 또한 전조선육상경기대항전에도 출전해 이 대회에서도 우승했다. 이렇게 보성전문 육상부에서 활약을 시작했지만, 손기정은 반년 만에 보성전문을 그만두고 조선을 떠나 일본으로 향한다. 그 이유는 무엇이었을까.

메이지 대학 입학

1937년 가을, 손기정은 메이지 대학 법과 전문부에 입학한다. 손기정은 자서전에서 보성전문 재학 시절 항상 경찰의 감시를 받았다고 말하면서, 메이지 대학 입학 경위에 대해 다음과 같이 밝히고 있다.

> 2학기에 말도 없이 보성전문을 그만두고 다시 일본으로 떠났다. 그러나 여기저기 기웃거려 봐도 미움받는 조선의 문제아를 받아 줄 곳이 없었다. 낭패였다. 마침 조선총독부 학무국에 있던 정상희 씨와 만철(滿鐵)에 있던 권태하 선배가 자신들과 지면이 있는 메이지 대학에 보증을 서서 들여보내 주었다. 마라톤 왕 손기정의 입학 조건은 다시는 육상 운동을 하지 않는다는 것이었다. 더 이상 손기정의 이름을 빌리지 않을 테니 어디에고 나타나지도 말고 쥐 죽은 듯 엎드려 있으라는 뜻이었다.
> ―『나의 조국, 나의 마라톤: 손기정 자서전』

조선에서 감시의 눈이 따라붙는 가운데, 그 감시의 스트레스로 인해 "차라리 일본 울타리 속에 뛰어들어 일본 사람 속에 섞이는 게 악몽 같은 감시의 눈초리를 떨쳐버릴 수 있는 길"이라고 생각해 일본 대학에 입학했다고 적고 있다. 다만, 이 입학 이유와 그 후 손기정의 행동 등을 일관되게 생각하면 손기정은 생활 환경은 물론 경기의 환경도 바꾸고 싶었던 것이 아닌가 싶다.

조선에서는 1936년 8월에 취임한 조선 총독 미나미 지로에 의해 '내선일체'를 추구하는 정책이 진행되고 있었다. 미나미 총독은 이른바 황민화 정책을 추진하기 위해 1937년 7월에 대대적인 인사 쇄신을 단행한다. 이때 학무국장 대리(후에 학무국장)에 시오바라 도키사부로(塩原時三郎)가 임명되었다. 시오바라는 교육과 스포츠 방면에서 조선인의 동화를 강제적으로 추진해 나갔다. 손기정이 일본으로 간 뒤의 일이지만, 뛰어난 일부 선수들만의 경기를 위한 스포츠를 중시하지 않고, 전력(戰力)을 위한 '체육'을 강조하는 정책을 식민지 조선에서 전개해 나갔다. 이 같은 정책 속에서 스포츠 선수들에게는 조선보다 일본이 훨씬 좋은 환경이었을 것이다. 손기정의 보성전문 중퇴와 메이지 대학 입학은 니오바라가 학무국장 대리에 취임하면서 이 같은 그의 정책을 강력하게 추진하려던 시기의 일이다. 경계와 감시를 받던 손기정이 조선에서 마라톤이나 육상 같은 스포츠를 하기에는 상당히 열악한 환경이었을 것이고, 조선총독부의 압력이 거세질 것임은 쉽사리 상상할 수 있었을 터이다.

한편 베를린 올림픽에서 마라톤 3위를 차지한 남승룡은 메이지 대학 육상부에서 활약하며 하코네 역전에도 출전했다. 메이지 대학 입학을 권유한 선배 권태하도 하코네 역전을 다섯 차례나 뛰었고, 1932년 로스앤젤레스 올림픽에 출전했었다. 총독부의 정상희도 양정고보 선배인 동시에 메이지 대학 육상부에서 활약한 선수 중 한 명이었다. 조선에서 스포츠 환경의 악화가 우려되는 상황에서 권태하와 정상희는 손기정이 일본에서 경기에 집중하도록 해주고 싶었던 것이 아닐까. 그들은 감독이나 코치들과도 이야기를 나눴을 것이다. 권태하와 정상희는 많은 이들이 손기정의 메이지 대학 입학을 환영해 줄 것이라 믿었던 듯하다.

지금까지도 손기정은 베를린 올림픽 이후로 마라톤을 뛰지 않았다는 지적을 받고 있다. 실제로 그가 마라톤을 뛴 기록은 남아 있지 않다. 그러나 1940년에 개최될 예정이었던 도쿄 올림픽 출전을 포기한 것은 아니었다. 1937년 1월에 손기정은 베를린 올림픽 삼단뛰기에서 금메달을 획득한 다지마 나오토(田島直人)와 함께 아사히(朝日) 체육상을 수상하게 되는데, 당시 시상식에서 "이 상을 가지고 귀국해 선생님들께 빨리 보여드리고 싶습니다. 4년 뒤에 도쿄에서 반드시 또 한번 일을 이루겠습니다"(《도쿄아사히신문》, 1937년 1월 26일)라고 말하고 있다. 물론 립서비스의 일환이라 할 수 있겠지만, 이후 달리기에 대한 의욕을 잃지 않고 보성전문에 진학해 보성전문 육상부에 공헌한 것은 앞서 언급한 바와 같다.

그러나 손기정은 일본에서 뛰는 일을 그만둔다. 그렇다면 이때 손기정과 '입학 조건'을 상의한 주체는 누구였을까?

"다시는 육상 운동을 하지 않는다", "더 이상 손기정의 이름을 빌리지 않는다"는 조건을 제시한 것은 문맥상 메이지 대학이다. 일본 정부나 내무성 혹은 조선총독부가 간접적으로라도 관여했다면 굳이 그런 교환 조건을 제시하면서 대학 측에 손기정을 출전시키지 말라고 지도했을 것으로 보기는 어렵기 때문이다. 제국 일본으로서는 1940년 도쿄 올림픽에 유능한 스포츠 선수가 있는 것이 더 좋았을 것이다. 메이지 대학 측이 손기정을 대학에 받아들이는 대신 육상부에 가입하지 않도록 권유한 것이다. 이는 손기정이 당국의 엄격한 감시하에 있었기 때문이 아닐까.

데라시마 젠이치(寺島善一)의 저서 『평전 손기정』에는 당시 상황을 "일본 정부가 손기정의 입학에 조건을 걸었다"고 했지만, 곧바로 긍정하기는 어렵다. 일본의 다른 사립 대학은 손기정의 입학을 허락하지 않았다. 메이지 대학만이 감시가 엄격한 손기정을 받아들였다. 무엇보다도 이 사실이 중요한 것이며, 손기정이 이에 대해 깊이 감사했을 것으로 생각된다.

당시 메이지 대학 총장 우자와 후사아키(宇澤總明)[1]는 좌우익을 불문하고 대역 사건, 혈맹단 사건, 아이자와 사건[2] 등을 담당한 인권 변호사였고, 메이지 대학은 많은 조선인, 중국인 유학생을 받아들이고 있었다. 이 같은 교풍이 감시에 시달리고 있는 손기정조차도 학생으로 받아들이게 했다고 볼 수 있다.

훗날의 이야기지만, 입학 후 손기정은 메이지 대학 육상부로부터 하코네 역전에 출전해 달라는 의뢰를 받았는데, 이를 거절한 것은 "다시는 육상 운동을 하지 않는다"고 한 입학 당시

---

1) 일본 지바 현 출신의 변호사 겸 정치인. 도쿄 제국대학을 졸업한 뒤 메이지 대학 총장, 중의원 의원, 귀족원 의원 등을 역임했다. 여러 시국 사건의 변호를 맡았으며, 제2차 세계대전 후에는 극동 군사 재판 변호인단 단장을 맡기도 했다.
2) 1935년 8월 육군 중좌 아이자와 사부로(相澤三郎)가 육군성 군무국장 나가타 테쓰잔(永田鐵山) 소장을 사살한 사건. 군부 내 통제파에 대한 황도파의 저항으로, 이듬해에 일어난 2·26 사건의 전조가 되었다.

의 약속을 손기정이 끝까지 지키려 했기 때문으로 보인다. 자신을 학교에 입학시켜 준 것에 대한 감사와 자중(自重)이었다.

영웅의 역할

메이지 대학에 진학한 뒤 손기정은 육상 경기와 마라톤을 단념했다. 베를린 올림픽 이후 늘 감시를 받으며 하루하루를 살아가야 했던 그는 학문에 힘쓰면서 다음 인생의 설계도를 그리려 했다. 메이지 대학 재학 중 각종 대회에 초청을 받기는 했지만, 직접 경기에 참가한 흔적이나 경기 성적은 찾아볼 수 없다.

예를 들어, 1938년 3월에 규슈체육협회 주최의 기타큐슈 마라톤 대회가 개최될 예정으로, 그 대회에 손기정과 남승룡이 초청되었다는 기사가 나오지만, 두 사람이 실제로 마라톤을 뛴 기록이나 성적은 없다. 경기에 참가하지 않게 된 이 시기에 손기정과 관련된 일화 중에는 다음과 같은 것이 있다.

> 전 게이오 대학 육상부 선수로 베를린 올림픽에서 활약한 이마이 데쓰오(今井哲夫) 군은 이번에 출정하게 되어, 성대한 배웅을 받으며 ○○로 향했는데, 도쿄역 앞을 가득 메운 환송객들 사이에서 메이지 대학 교복과 모자를 쓴 한 학생이 뛰어나와 만세를 선창했다.
> 이 학생이 바로 마라톤의 왕 손기정으로, 베를린 올림픽의 절친

인 이마이 군을 위해 열렬한 만세를 건넨 것이었다. 이 만세를 받으면서 용기를 낸 이마이 군의 눈에는 결의와 감사의 뜨거운 눈물이 빛나고 있었다.

―《도쿄아사히신문》, 1938년 2월 27일

이마이 데쓰오는 베를린 올림픽 육상 3000미터 장애물 종목의 일본 대표 선수였다. 게이오기주쿠(慶応義塾) 대학 육상부 소속으로 1932년부터 1935년까지 하코네 역전에 출전하기도 했다. 손기정과는 동갑내기였다. 베를린에서 함께 뛰었던 친구 이마이가 전년 7월에 시작된 중일전쟁에 출정하게 되었다. 그를 배웅하러 온 손기정의 모습이 보도된 것이다. 달리기를 그만둔 손기정이 만세를 부르면서 전쟁터로 나가는 병사를 배웅하는 모습이 미담으로 그려졌다.

손기정은 정말 달리기를 그만둔 것일까? 메이지 대학에 진학한 뒤 일단 달리기를 그만둔 것은 사실이다. 그러나 5월에 발행된 《조광》에는 「다음 세계 올림픽 제패를 기(期)하는 마라톤왕 손기정 군의 심경」이라는 인터뷰 기사가 실려 있다.

그 기사에서 손기정은 "한동안 운동을 안 하고 보니 도리어 인간적으로 점점 보잘것이 없는 것 같아서 다시 운동을 시작했습니다"라면서 다시 달리기를 시작했다고 말한다.

또한 "소화 15년에 동경서 열리는 제12회 세계 올림픽 대회에 다시 출장하시겠습니까?"라는 기자의 질문에 그는 "마음에 별 변화가 없는 한 출장하렵니다"라고 밝히고 있다. 손기정은 다음 올림픽도 겨냥하고 있었던 것이다.

다만 불안도 있었다. 손기정은 메이지 대학에 진학한 후 다시 학비와 생활비 문제로 고민하는 중이었다. 그것이 도쿄 올림픽을 준비하는 데 족쇄가 되었다. 이 무렵 손기정은 경성 적선동에 있는 성재육영회로부터 매달 45원의 장학금을 받았지만, 그 금액으로는 대학 수업료만 가까스로 납부할 수 있을 정도여서 생활은 궁핍했다고 한다.

이 인터뷰 이후인 7월에 손기정은 대만주제국체육연맹의 초청으로 만주를 방문했다. 신경, 길림, 하얼빈을 경유하는 일정으로 이동한 뒤, 봉천체육연맹 관계자들을 만나기 위해 돌아오는 길에 봉천을 들렀다. 관계자들의 환영을 받는 한편으로 조선인 기자들의 인터뷰에도 응했다.

조선인 기자는 베를린 올림픽 당시 금메달을 딸 자신이 있었는지, 또한 향후 조선 스포츠계의 전망은 어떤지 물었다. 손기정은 금메달에 대해 예상하는 것은 불가능했지만, 올림픽 전에 좋은 기록이 나왔기 때문에 이를 유지하면 어느 정도 희망이 있으리라 생각했다고 답했다. 또한 7월 15일 일본 정부는 중일전쟁의 장기화를 이유로 올림픽을 반납하기로 결정했으므로, 손기정은 이 시점에서 도쿄 올림픽이 없어진 것에 대한 아쉬움을 표하고, 다음 올림픽에 기대되는 조선인 선수들을 몇 명 언급하며 인터뷰를 마무리했다. 손기정 역시 이 시점에서 도쿄 올림픽을 목표로 할 수 없게 되었다.

만주에서 일본으로 돌아온 손기정은 1938년 11월에 개최된 국민정신작흥체육대회 성모(聖矛) 봉송에 모습을 드러냈다. 성모 봉송이라 함은 이세 신궁에 한 번 봉납된 여섯 개의 성모를 각 부현의 주자들의 릴레이를 통해 유키(結城) 신사, 아쓰다(熱田) 신궁, 미시마(三島) 신사, 쓰루가오카하치만(鶴ヶ岡八幡) 궁, 야스쿠니(靖國) 신사의 순으로 전달하면서, 각 신궁과 신사에 봉납하는 것이었다. 마지막 성모는 메이지 신궁에 봉납하기로 되어 있었다. 성모를 운반하는 주자들을 통해 이세 신궁에서 메이지 신궁까지의 여정이 연결되므로, 이 성모 경주는 신도(神都)와 제도(帝都)를 잇는 상징으로 여겨졌다. 동원된 인원은 1만 5천 명에 이르렀고, "국민정신 작흥에 부합되는" 행사였다.

11월 4일 정오에 우지교(宇治橋)에서 시작된 성모 봉송은 6일 저녁에 메이지 신궁 경기장으로 이어졌다. 이 봉송의 마지막 주자는 가나쿠리 시소였는데, 가나쿠리에게 창을 이어주는 주자가 손기정이었다. 손기정은 성모를 손에 들고 신궁 경기장에 입장했다. 《도쿄아사히신문》은 그때의 모습을 다음과 같이 보도했다.

> 제21구간을 담당한 아오야마(靑山) 소학교의 선두 주자 오가와(小川芳至) 군(14) 이하 40명이 이세 신궁에서 호위 버스에 실어 온 60개의 횃불에 불을 붙이고 아카사카 구청 앞에서 외원 입구로 활기차게 달음박질해 그곳에서 기다리고 있던 올림픽 우승자 손기정에게 건네주면, 손기정은 무라코소 고헤이 군 이하 호위단에 의해 보호받으며 신궁 경기장의 국민정신작흥대회 대회장으로 역

주한다. 대회장은 이미 저녁 어둠이 내려앉고, 화톳불이 활활 타오르는 가운데 60여 개의 횃불이 '성창'을 지키며 회장으로 들어간다. 10만 관중은 '만세'의 환호성을 올리고, 여기서 최종 선수 가나쿠리 시소 군이 성창을 이어받고, 기미가요 제창으로 마무리된다.

―《도쿄아사히신문》, 1938년 11월 7일

그다음에는 성모를 이어받은 전일본육상경기연맹 회장 히라누마 료조가 메이지 신궁의 궁사(宮司)에게 성모를 건네주고 신전에 성모가 봉납됨으로써 성모 봉송 행사는 막을 내렸다. 1938년 4월에 국가총동원법이 공포되어 전시 상황에서 국민의 정신과 신체 동원이 국가적으로 더 중시되는 가운데, 제국 일본에서 손기정은 이러한 국민적 행사에 등장해 다른 올림픽 영웅들과 함께 그 역할을 담당하게 된다.

조선반도로의 귀환:
은행 취업, 〈민족의 제전〉

조선저축은행 취업

1940년 3월, 메이지 대학을 무사히 졸업한 손기정은 1940년 4월에 조선의 경성으로 돌아왔다. 그가 재학 중이던 27세 때인 1939년 12월에 《조선일보》 기자이자 운동선수로 활약하던 고봉오의 소개로 강복신과 결혼했고, 강복신은 조선에서 그를 기다리고 있었다.

강복신은 육상 단거리 달리기 선수로 1930년대 전반에는 조선의 여러 대회에서 활약했다. 평안남도의 평양여자고등보통학교(나중의 평양서문공립고등여학교) 출신으로, 200미터 달리기가 주 종목이었다. 1933년 제9회 조선신궁대회에서는 마라톤에서 우승한 손기정과 함께 여자 200미터 달리기에서 우승한 강복신이 신문의 헤드라인을 장식한 바 있다. 이 조선신궁대회가 서로의 존재를 처음 현장에서 알게 된 때라고 한다.

참고로 1934년의 공인 육상 기록을 보면 강복신은 여자부 200미터 달리기 27초 6으로 조선 기록 보유자였다. 그 밖에도 계주 멤버로서 200미터, 400미터, 800미터 등의 계주 경기에서도 조선 기록을 보유한 일원이었다. 1939년 12월에는 손기정과 강복신의 결혼을 소개, 축하하는 기사가 일본과 조선 양국에서 보도되기도 했다.

조선에 돌아온 손기정은 경성 남대문에 있던 조선저축은행에 취직한다. 조선육상경기연맹 회장인 이모리 메이지(伊森明治)가 대표로 있는 은행이어서, 그가 주선해서 은행 취업을 알선했다고 한다. 은행 업무를 익히는 것은 힘들었지만, 손기정의 인기와 많은 인맥으로 예금 업무에서 좋은 성과를 거두었다. 한편, 아내 강복신은 동덕고등여학교 체육과 교사로 근무하며 부부가 맞벌이하며 가계를 꾸려나갔다.

잡지 《삼천리》 1941년 1월호에 강복신이 두 사람의 생활에 대해 이야기하는 기사가 실려 있다. 다만 그즈음의 시대적 배경이 반영된 탓인지, 전반부 대부분은 전시 조선에서 가정의 역할에 대해 이야기하고, 후반부 맨 마지막에 4월부터 시작된 두 사람의 생활에 관해 언급한다. 두 사람은 아등바등 바쁜 나날을 보내고 있지만, 일요일에는 등산과 야외 산책, 그리고 영화 관람 같은 것을 하며 즐기고 있다고 말한다. 아내와 함께하는 생활은 손기정에게 소소하지만 행복한 나날이었을 것이다.

영화 〈올림피아〉 제1부 〈민족의 제전〉

레니 리펜슈탈(Leni Riefenstahl)[3]이 감독을 맡아 촬영한 베를린 올림픽 기록영화 〈올림피아〉는 전 세계에서 많은 관객이 관람했다. 훗날 나치의 프로파간다 영화로 평가받지만, 성스러운 축제인 올림픽과 올림픽 선수들의 역동성을 독창적인 기법으로 그려 전 세계에 많은 감동을 선사했다.

그 제1부 〈민족의 제전〉의 시사회가 1940년 7월에 조선에서 열렸다. 손기정은 강복신과 함께 참석해 왕년의 자신의 모습을 감상했다. 1940년 7월 4일자 《동아일보》에는 손기정, 남승룡 부부가 시사회에 와서 영화를 감상하는 모습이 보도되었고, 7월 5일지 《조선일보》에는 「4년 선 삼극 재현, 올림픽 영화 '민족의 제전' 시사회에 약동하는 손기정, 남승룡 양군의 용자(勇姿)」라는 제목으로 크게 다뤄졌다. 실제 영상에는 마라톤 장면이 12분 정도에 걸쳐 기록되었는데, 출발부터 자발라가 선두로 경기장을 나가는 모습, 하퍼와 함께 달리는 손기정, 그리고 추격하는 남승룡의 역동적인 모습을 볼 수 있다. 나팔수의 팡파르와 함께 경기장에 뛰어 들어온 손기정이 힘차게 결승 테이프를 끊는 장면도 재현되고 있다. 영화의 클라이맥스는 시상대

---

3) 독일의 여성 영화감독 겸 사진 작가. 나치 정권 시절에 활약하면서 베를린 올림픽 기록 영화 〈올림피아〉로 세계적인 명성을 얻었다. 제2차 세계대전 종전 후 나치 선전 죄로 투옥되었지만 무죄 판결을 받았다. 이후 사진 작가로 활동했다.

에 서는 손기정의 모습이었다. 국기 게양대에 게양된 일장기와 '기미가요'의 소리는 올림픽 당시를 방불케 했다.

영화를 감상한 손기정과 남승룡은 삼천리사의 김동환 등과 함께 〈민족의 제전〉을 본 감상과 베를린 올림픽 당시의 상황에 관해 이야기를 나눈다. 손기정은 〈민족의 제전〉을 본 감상을 다음과 같이 이야기한다.

> 4년 전의 일을, 더욱이 내가 달린 장면을 필름을 통해서 이제 다시 보게 된다는 것은 실로 감개무량하기 짝이 없으며 당시 베를린에서 대회 광경을 직접 보던 때와는 또 다른 감격을 이 영화를 통해서 보았습니다. 〈민족의 제전〉은 스포츠 영화요 따라서 한 개의 기록영화지만 레니 리펜슈탈 여사의 예술적 천분(天分)에 의해서 새로운 영역을 개척해 준 획기적인 구도에 경의를 표했습니다.
> ——「민족의 제전」, 《삼천리》, 제12권 제8호, 1940

이처럼 손기정은 자신의 모습에 감동하면서 레니 리펜슈탈 작품의 참신함에 대해 이야기했다. 영상 속에 비치는 자신과 실제로 달리는 선수로서의 느낌은 상당히 달랐을 것이다.

손기정과 남승룡의 모습이 재현된 이 〈민족의 제전〉 상영은 조선인의 민족 운동을 재점화할 가능성도 없지 않았다. 실제로 영화를 관람한 조선의 청소년들에게 영향을 끼친 사건이 일어난 것이다.

강원도의 춘천중학교 4학년 학생 19명은 입학한 뒤 교내의 조선인에 대한 차별적 대응에 분노를 참아 왔다. 그것이 〈민족의 제전〉을 보면서 분출되기에 이르렀다. 학생들이 일본인 교사들을 폭행하다 일제히 검거되는 사건이 발생한 것이다. 당국은 그 배경에 대해 다음과 같이 기록했다.

> 쇼와 16년[1941년—인용자] 1월 30일, 영화 〈민족의 제전〉을 단체 관람할 때 손기정의 우승에 대한 재조 일본인의 응원의 허전함에 대해 민족적 비애를 통감하지만, 반면 손, 남 두 선수의 우승은 조선 민족의 우수성을 이야기하는 것이므로 조선이 일본의 지배를 받지 않아도 훌륭하게 독립을 유지할 수 있을 것이라는 자신감을 얻게 되어, 마침내 조선을 일본의 속박에서 벗어나게 하고 조선국을 실현하려는 격렬한 민족적 반항심을 품기에 이르렀다.
> ——「춘천중학교 학생의 치안유지법 위반 사건 검거에 관한 건」,
> 『사상에 관한 정보 13』, 1941년 7월

영화에는 경기 당시의 실제 영상뿐만 아니라, 재현해 새로 촬영한 것도 있다. 스탠드의 관중 영상은 독일에 체류 중인 일본인들을 억지로 끌어모아 촬영한 것으로, 엑스트라의 수가 한정되어 있어 경기의 열기를 재현하기 어려웠다. 그러나 그 영상을 본 조선인 학생들은 그 배경을 알지 못한 채, 손기정에 대한 열광이 결여된 냉랭한 응원으로 받아들였다. 조선 민족의 열광과는 거리가 먼 일본인의 모습에 자신들의 처지를 투영한 것이다. 그래서 손기정의 우승 모습에 등 떠밀린 듯 학생들은 일본인 교사와 일본인 학생을 폭행하는 사건을 일으킨 것이다.

황기 2600년을 봉축하는 메이지신궁대회

영화 〈민족의 제전〉은 베를린 올림픽의 손기정을 연상시키면서 조선 민족의 내셔널리즘을 자극했다. 그러나 다른 한편으로 손기정은 제국 일본의 영웅이기도 했다.

1940년 개최 예정이었던 도쿄 올림픽은 장기화되는 중일전쟁으로 인해 1938년 7월에 반납되었지만, 1940년은 제국 일본에 있어서는 '황기 2600년'이라는 중요한 기념비적인 해였기 때문에 이를 기념하는 스포츠 이벤트가 개최되었다. 예를 들어, 1940년 6월에 열린 제1회 동아경기대회는 올림픽 반납을 대체하는 국제적인 스포츠 이벤트로서 개최되었다. 동아경기대회는 동아 제민족의 정신적 결합을 도모하기 위한 것이었다. 만주, 중화민국,[4] 필리핀의 선수들을 일본에 초청해 경기를 개최함으로써 동아시아 맹주로서 일본의 지위를 확인하려는 시도였다.

---

4) 여기에서 말하는 중화민국은 중일전쟁(1937) 이후 일본이 점령한 중국 관내 지역에 왕징웨이(汪精衛, 본명은 汪兆銘)를 수반으로 하여 수립한 괴뢰정부(1940.3.30.-1945.8.16.)를 의미한다. 참고로, 영화 〈색, 계〉(2007)는 왕징웨이 정권 하의 상하이와 홍콩을 배경으로 하고 있다.

또한 11월에 개최된 메이지신궁대회도 중요한 스포츠 이벤트였다. 이 해의 제11회 대회는 황기 2600년 봉축 대회로서 개최되었다. 대회 폐회식에는 성화를 점화하는 행사가 거행되었는데, 손기정은 그 성화단의 일원으로 참가한다. 손기정은 그 당시의 상황을 다음과 같이 기록하고 있다.

> 기원 2600년 봉축 제11회 메이지 신궁 국민체육대회의 폐회식은 황송하옵게도 미카사노미야(三笠宮) 전하의 대림(臺臨)을 앙봉(仰奉)하여 11월 3일 오후 4시 58분부터 메이지 신궁 외원 경기장에서 거행되었는데, 빛나는 입상자 3천여 명을 선두로 대회 임원과 각 부현 선수 1만 5천여 명이 당당히 입장, 그리고 폭발하는 감격의 환성과 박수는 완연히 입정되는 각 부내의 입장마다 일어났었다. 그리고 탈모 총기립 하에 엄숙하게도 성은지기(聖恩之旗)가 입장되어 단상에 봉앙(奉迎)된 후 최경례, 그리고 '기미가요' 제창, 궁성·메이지 신궁·가시하라(橿原) 신궁 요배, 그 뒤에 메이지 신궁으로부터 봉지(捧持)하여 온 성화의 일단이 도착하였는데, 선두에는 왕년의 마라톤의 패자(覇者) 가나쿠리 시소 선수, 부봉지자는 금회 대회의 마라톤 우승자 다케나카 쇼이치로(竹中正一郎) 선수, 이를 다시 호위하여 마라톤 왕 히비노 간(日比野寬) 옹(翁)과 소생과 마라톤 장거리 경주의 선배들이었다.
> ―「체육대제전 참관과 조선체육진흥에의 전망」,《삼천리》, 제13권 제1호, 1941

이미 경기와는 멀어졌지만, 손기정은 제국 일본의 금메달리스트로서 제국 일본을 상징하는 스포츠 행사에 참가하고 있었다.

12월에는 미야자키(宮崎) 신궁 앞에서부터 가시하라 신궁까지를 잇는 약 1000킬로미터를 열흘에 걸쳐 달리는 대역전 경주가 개최되었다. 도호쿠(東北), 간토(關東), 주부(中部), 긴키(近畿), 주고쿠(中國), 시코쿠(四國), 규슈(九州), 조선·타이완, 만주의 8개 지역에서 대표 선수들이 참가해 황기 2600년을 봉축하는 스포츠 이벤트의 대미를 장식하는 이벤트로 치러졌다. 이 역전 경기에 조선은 타이완과 연합팀으로 참가해 우승을 장식했다. 이때의 우승에 대해서도 손기정은 코멘트를 요청받아 다음과 같이 말했다.

> 기존의 경기는 대부분 학생들이 주축이었지만 이번에는 처음으로 사회인만의 경기가 치러져서 저와 남승룡 군도 출전할 것을 권유받았지만, 갑작스러운 일이기도 하고 연습도 하지 않은 상태였기 때문에 거절했습니다. 조선군도 멤버 구성에는 상당히 고심한 것 같지만 오늘의 우승은 간절히 기대하고 있던 중입니다. 어쨌거나 기원 2600년의 대미를 장식하는 대회에 조선이 우승한 것은 반도 체육계의 가장 큰 기쁨일 것입니다.
> ─《부산일보》, 1940년 12월 7일

이제 손기정은 조선의 스포츠계 전체를 바라보게 된 것이다. 권태하, 정상희 등의 선배들을 이어 조선 스포츠계를 이끄는 입장에서 경기에 관한 코멘트를 요구받았던 것이다. 경기를 떠난 지 오래되면서 그의 역할도 달라지고 있었다는 의미일 것이다. 손기정은 유복하다고는 할 수 없겠지만, 도시화된 경성의 은행에서 근무하며 많은 지식인 및 저명인사와 친분을 맺고 조선 스포츠계에서 지도적 입지를 다지고 있었다.

전쟁의 격화와 대일 협력: 학도지원병 권유

조선 스포츠계에 대한 제언

손기정의 입장 변화는 그의 적극적인 제안을 통해서도 확인할 수 있다.

1937년 7월에 시작된 중일전쟁의 종식이 보이지 않는 가운데, 총후(銃後) 대비가 요구되던 조선반도에서는 조선의 체육·스포츠의 역할이 '인적 자원'과 관련되는 중요한 시책 중 하나가 되었다.

손기정은 당시 조선의 체육·스포츠 정책의 방향에 대해 다음과 같이 말했다.

> 체육 향상에 있어서 첫째로 일반 체육의 보급과, 지도자의 양성이 시급한 문제의 하나이다. 특히 지도자 양성에 있어선 체육대

학의 창설을 무엇보다 끽긴(喫緊)히 요구한다.

나는 년전 유럽에 갔을 때에도 베를린, 또는 기타 다른 곳에서 체육대학이라는 것을 보았다.

그러나 아국(我國)에 있어서만 아직까지 체육대학이라는 것이 없다는 것은 광고(曠古)의 초비상시에 있어서 인적 자원과 함께 체육 향상을 도모하는 이때에, 정책상 한 개의 결점이 아닐까 생각한다. 더욱이 후생성까지 설치되였음에랴. 이 점에 있어선 후생성에 우리는 기대하는 바가 크다. 다른 제대학 중에 한 대학을 없애는 한이 있다 하더라도 '건전한 정신은 건전한 육체에서'라는 모토하에서 우리는 하루바삐 체육대학의 창건을 간망하여 마지않는다. 이것이 건실한 인적 자원을 배출함에 있어서 크나큰 동력이 될 줄 믿는다.

—「체육대제전 참관과 조선체육진흥에의 전망」,《삼천리》, 제13권 제1호, 1941

손기정은 조선에 체육대학의 설립이 필요하다고 지적하며, 고등교육기관에서 체육·스포츠를 전문적으로 공부하는 지도자의 양성을 시작함으로써 조선 체육의 발전을 도모할 것을 요구했다. 전시 체제라는 시기에 걸맞은 인적 자원을 확보하기 위해서는 우선 지도자가 필요하다고 생각한 것이다.

식민지 권력의 정책에 대한 지지

확실히 이 시기 학교 체육은 전력 증강 체육이 중시되고 있었다. 병사에게 필요한 전투력, 그리고 총후의 생산력을 확충·증강하기 위한 체육, 일본 정신의 도야를 위한 무도(武道)가 실시되고 있었다.

손기정의 제안은 이러한 상황을 보다 합리적으로 진행하기 위한 하나의 방법을 제시한 것으로 볼 수 있다. 또한 이 시기에는 학교 체육뿐만 아니라 사회 전반에서도 사회 체육으로서 각종 체조 등이 실천되는 중이었다. 이에 관해서도 손기정은 다음과 같이 언급했다.

> 일반체육 향상 보급을 위해서 각 회사, 공장 등에 운동 지도자를 두어서 일정한 시간에 국민 체조를 시키도록 해야 한다. 장소는 옥상도 좋고, 공장의 뜰도 좋다. 장소는 문제가 아닐 줄로 생각한다.
> 이 국민 체조의 장려는 현재 내지에서는 성(盛)히 실행되고 있으나 조선에서는 그 수를 헤아리기가 심히 적다. 이것에 대해서는 후생성에서나 또는 국민총력연맹에서 강제적인 훈령이 있기를 요망한다.
> ─앞의 글

손기정은 일본과 조선의 상황을 비교하면서 조선의 사회체육 진흥이 늦어지는 것에 대해 쓴소리를 하고 있다. 그 타개책으로는 후생성(조선에서는 후생국)과 국민총력연맹(조선에서는 국민총력조선연맹)이 주도해 조선 사회의 체육 활동을 활성화할 것을 요구했다.

종식될 기미가 보이지 않는 전쟁은 조선인을 전시 체제하에서 인적 자원으로 동원해 각지에 배치하려고 기도했다. 체육·스포츠는 그 인적 자원이 될 조선인의 신체를 어떤 신체로 만들 것인가에 주안점을 두고 실천되었다.

손기정은 이러한 상황을 염두에 두고 조선 체육계를 이끄는 한 사람으로서 총독부를 중심으로 한 식민지 권력의 정책에 따르는 발언을 하고 있었다.

민족주의자였던 지식인들이 전향해 내일 협력자의 길을 선택하는 가운데, 손기정도 피할 수 없는 운명의 길을 걷게 되었다고 할 수 있다.

지원병 제도와 조선인 지원병의 역할

손기정이 일본 유학 생활을 마치고 조선으로 돌아온 1940년 4월, 중일전쟁은 언제 끝날지 모르는 진흙탕 싸움 같은 양상이었다. 앞에서 말했듯 4년 전인 1936년 8월에는 육군 군인인 미나미 지로가 조선 총독으로 부임한다. 미나미는 조선에 징병제를 시행하는 것을 하나의 목적으로 삼았다. 중일전쟁은 미나미가 내세운 정책을 시행하는 중에 발발하지만, 결과적으로 조선인을 인적 자원으로 이끄는 정책은 총후 조선반도에서 급선무가 된다.

다만, 복잡한 대일 감정을 갖고 있는 이민족인 조선인을 갑자기 군대에 편입하는 것은 쉬운 일이 아니었다. 조선에 주둔하던 조선군은 인적 자원을 내·외지에서 확충하는 것에 대해서는 이해를 표명했지만, 조선인을 일본 군대에 편입하는 것에 대한 우려가 불식되지 않았다. 이로 인해 시금석으로 우선 도입된 것이 지원병 제도였다.

육군특별지원병령이 조선에서 공포·시행되기 이전인 1937년 6월, 조선군 사령관이었던 고이소 구니아키(小磯國昭)는 육군 대신 스기야마 하지메(杉山元)에게 「조선인 지원병 제도에 관한 의견」을 보고했다. 고이소는 이 제도에 대해 "조선인에게 황국 의식을 확고하게 하고 장래의 병역 문제 해결을 위한 시험적 제도로서 조선인 장정을 지원에 의해 현역에 복무하도록 하는 제도는 조선의 현 상황을 비추어 보"지 않으면 안 되므로, 그 시행에 즈음하여 조건을 제시했다.

나이(만 17세 이상 20세 미만)와 학력(보통학교 졸업 이상)에 제한을 두고, 지원병 훈련소(육군병지원자훈련소, 이하 훈련소라 함)를 졸업하고 병역 검사에 합격할 것을 조건으로 걸었다. 또한 훈련소 졸업 후 당분간 전선에 가지는 않고 조선 내 부대에 소속될 것을 요구했다.

또한 지원병의 제도화와 관련해 조선에서 동화(황민화) 교육을 철저히 시행할 것을 요구했다. 만약 "제도 시행 후 수년에 걸쳐 기대한 성과를 얻지 못할 경우 본 제도의 시행을 중지"하는 내용도 담겼다. 이 부분에서 조선 군인을 경계하는 모습이 엿보인다.

한편 조선총독부는 지원병 제도가 '내선일체'를 촉진할 것으로 생각했다. 이 제도가 "내선일체 무차별적 대우의 첫 단계"라며 "조선인이 국토방위의 책임을 분담"함으로써 "조국애는 스스로 고양, 발휘될 것"으로 기대하고 있었다. 또한 조선인을 훈련소에 수용함으로써 지원병들에게 철저한 황민화를 도모할 수 있고, 제대 후 고향으로 돌아온 후에도 황민화를 촉구하는 데 큰 영향력을 가질 것으로 생각했다. 이처럼 시국 인식은 공유하고 있었지만, 조선인을 군인으로 채용하는 것에 대한 조선군과 총독부의 인식에는 차이가 있었다.

학도 지원병 호소

1943년 3월 11일, 손기정은 함경북도에 머물고 있었다. 오야마 토라조(大山寅相), 곧 조인상도 동행했다. 손기정이 조선반도의 최북단에 있었던 것은 학도선배중견단 활동에 참여하기 위해서였다.

1943년 10월, 일본에서 학도병 출정 장행회가 열리고 있을 무렵, 조선과 대만에서는 육군특별지원병 임시채용규칙이 공포·시행되어 식민지에서도 학도 지원병을 모집하게 되었다.

손기정은 메이지 대학 졸업생으로서 학도선배중견단이라는 조직의 일원이 되어 조선인 학도 지원병 모집을 호소한다.

〈표〉 학도선배중견단 명단(1943년경)
(출처: 강덕상, 『조선인학도출진』(이와나미쇼텐, 1997)을 토대로 필자가 작성)

파견 지역	이름	출신 학교
함경북도	松岡正烈(金正烈)	보성전문학교(普成專門學校)
	牧本昭雄	보성전문학교
	孫基禎	메이지대학(明治大学)
	大山寅相(趙寅相)	와세다대학(早稲田大学)
함경남도	石川昌均(洪監杓)	릿쿄대학(立教大学)
	安川基英	호세이대학(法政大学)
	梁本柱華	경성제국대학(京城帝国大学)
	綾原興南(具興南)	와세다대학
평안북도	松原英一	와세다대학
	趙麟鎬	호세이대학
	平沼隆雄	고마자와대학(駒澤大学)
	白井載貞(白載貞)	혜화전문학교(惠化專門學校)
평안남도	金勝文	리쓰메이칸대학(立命館大学)
	高橋達雄	보성전문학교
	金寬羽	호세이대학
	方山珍峻	조치대학(上智大学)
	金炳歡	주오대학(中央大学)
황해도	金井義夫	도쿄상과대학(東京商科大学)
	德山海通(朱泰道)	닛폰대학(日本大学)
	岩本登	경성의학전문학교(京城医学專門學校)
	異河潤	호세이대학

강원도	羅在昇	경성법학전문학교(京城法学専門学校)
	福田龍澤(吳龍澤)	와세다대학
	長岡素良	와세다대학
	国原鍾武(金鍾武)	경성제국대학
	野村直弘	경성고등상업학교(京城高等商業学校)
경기도	德山宇七	주오대학
	奈城敬燮(厳敬燮)	호세이대학
	鈴川淸	간사이대학(関西大学)
	朝野晴義(朴勝成)	주오대학
충청북도	富永造秀(全造植)	불명
	申南淑	경성제국대학
	岩本多生(李用殷)	보성전문학교
	河原瓊采(河一復)	주오대학
충청남도	三川淸(辛泰獄)	주오대학
	花田龍球	리쓰메이카대학
	劉永允	주오대학
	金原鎭英(金鎭英)	경성사범학교(京城師範学校)
	瑞原康人(李康世)	경성사범학교
경상북도	石田耕造(崔載瑞)	경성제국대학
	金光邦夫(金光洙)	주오대학
	金江秀一(金德元)	대전공립상업보습학교(大田公立商業補習学校)
	高山憲軾(崔憲軾)	닛폰대학
	森山禎介(李昌爀)	경성법학전문학교
경상남도	金子漢奎(全漢奎)	닛폰대학
	常山盛弘(金胤鎭)	고마자와대학
	西山信一(趙信一)	협성신학교(協成神学校)
	山本寅雄(吳嚀世)	주오대학
	山川相萬(金相萬)	와세다대학

전라북도	金谷光豊(金判巖)	주오대학
	蓮村龍三(崔龍三)	닛폰대학
	平江一夫	경성제국대학
	李容漢	릿쿄대학
	金日漢	보성전문학교
전라남도	中野豊作(黃台淵)	보성전문학교
	張本天寿(張天寿)	주오대학
	南一祐	보성전문학교
	金正実	주오대학
	宮島基河	간사이대학

학도선배중견단은 일명 '내지에서 귀선(歸鮮)한 학생의 궐기희구단(蹶起希求団)'이라고도 불렸는데, 그 대부분이 일본 유학 경험이 있는 사람들이었다.

손기정은 함경북도에 가기 전에 다음과 같이 포부를 밝혔다.

> 우리 반도의 젊은 청년들이 이제 일어나 대동아전쟁에 직접 나서 싸우지 않는다면 언제 또 이런 절호의 기회가 있겠습니까? 많은 피를 흘리고 죽음을 통해 젊음의 감각을 □□해야 할 것입니다. 지금 반도 전역에서 학도 출진을 기대하고 있습니다. 정말 진지합니다. 이처럼 2천 5백만이 총궐기하여 그 열과 성을 한 곳으로 집중한 적이 지금껏 있었던가요? 저는 학생과 그 가정을 찾아가 이 같은 마음을 전하고 양해를 구하는 동시에 미력하지만 크게 격려하고자 합니다.
>
> ─《경성일보》, 1943년 11월 14일

조선의 학도 지원병은 중요했다. 1938년 조선에서 병력 동원이 시작된 육군 특별 지원병과 달리, 고등 교육을 받은 학생들은 일본어를 이해하는 사람이 많아 전장에서 바로 군인으로 활약할 것으로 기대했기 때문이다.

그러나 조선인 학생들은 병역을 부정적으로 바라보고 있었다. 고등 교육을 받았기 때문에 군인으로 자원하지 않아도 되는 안정적인 경제적 기반을 갖추고 있었기 때문이다. 또한 이들의 어머니들도 자식이 군인이 되어 일본군을 위해 일하고 목숨을 바치는 것을 달갑게 여기지는 않았다. 이러한 부정적인 분위기 속에서 학도 지원병을 모집하기 위해서는 강력한 선전과 인맥을 이용한 강제력이 필요했다. 여기에 등장한 것이 학도선배중 선난이고 손기정이었다. 손기정은 자서전에서 당시를 다음과 같이 회고하고 있다.

조인상 선배와 경성, 회령 등 함경북도 변방으로 다니다 겪은 일이었다. 총독부가 시킨 대로 학병 지원을 말했다. 벽지에 살면서도 그곳 사람들의 태도는 분명했다.
"나는 농사나 짓는 무식장이지만 내 아이들은 대학 공부까지 해서 나보다는 머리가 깬 아이다. 학병이 일본 사람들 말처럼 그렇게 국가를 위하고 자랑스러운 일이라면 그 아이가 스스로 나서지 왜 숨어 다니겠느냐?"
조선 땅에 그러한 판단을 갖지 않은 사람은 한 사람도 없었을 것이다. 그러나 그렇게 딱 부러지는 말로 반박하는 사람들은 처음 대해 보았다. 일을 판단하는 데는 글자 한두 자 알고 모르는 게 별 상관이 없는 듯했다.

―『나의 조국, 나의 마라톤: 손기정 자서전』[5]

손기정은 조선의 저명한 지식인들과 어깨를 나란히 하는 존재가 되어 있었고, 자서전에서 말하고 있는 조선인과는 이제 다른 세계에 있었다.

손기정 주변의 사람들도 대부분 식민지 조선에서 나름대로 지위가 있는 사람들이었다. 학도선배중견단에서 함께 함경북도를 방문한 조인상은 양정고보 육상부 선배였는데, 그는 총독부의 어용신문인 《경성일보》의 정치부 기자 경력을 가지고 있었다.

조선총독부 학무국에 근무하던 정상희 역시 양정고보 육상부 선배로, 조선체육협회 이사, 조선육상경기연맹 임원을 거쳐 경성부의회의 의원으로 변모했다.

손기정 역시 조선육상연맹 회장이자 저축은행의 대표인 이모리 메이지에게 조선저축은행의 일자리를 소개받는 등 그의 생활권에 존재하는 사람들과의 인연은 제국 일본과 떼려야 뗄 수 없는 것이 되어 있었다.

손기정은 학도 지원병 참가를 호소한 것에 대해 깊은 자책

---

5) 참고로 이 인용 부분은 자서전 초판본에만 등장한다.

감에 휩싸여, 말년에는 "영화 〈호타루〉 속에서 특공으로 죽어 간 가네야마 소위를 낳게 한 것은 나의 책임이다"(『평전 손기정』) 라고 말하며 깊이 후회했다고 한다.

영화 〈호타루(ホタル)〉는 아시아·태평양전쟁 말기 가고시마(鹿兒島) 현 지란(知覽)을 배경으로 특공기 탑승원들을 다룬 것이다(일본에서는 2001년, 한국에서는 2002년에 개봉). 그 중요한 등장인물 중 한 명은 조선인 특공병 가네야마 후미타카(金山文隆) 소위(조선명 김성재)이다. 모델이 된 실존 인물은 가야마 후미히로(光山文博)로 조선명은 탁경현이다.

그를 지원병으로 가미카제 특별공격대에 보낸 것은 손기정이 아니었지만, 그의 죽음을 애도하는 손기정의 마음은 자신이 모집에 관여한 조선 청년들에게 향했을 것이다.

조선인 학도지원병 중에서 최초로 전사한 '가야마 마사히데(光山昌秀)'는 함경북도 출신이었다고 한다. 손기정이 학도선배 중견단의 일원으로 방문했던 지역의 조선인 청년이었다.

아내의 죽음

1944년 조선인 학도 지원병 모집에 응한 뒤 그 임무를 마친 손기정에게 불행이 찾아온다.

그해 5월 아내 강복신이 세상을 떠났다. 간염을 앓고 있었다고 한다. 향년 29세. 여러 고난을 버티며 살아온 손기정이었지만, 이때만큼 슬픔에 잠긴 적은 없었으리라.

아시아·태평양 전쟁이 시작되고 총력전 체제 속에서 조선에서도 1943년 8월 징병제(개정 병역법)가 시행되면서 인적 자원으로서 군인·군속이 되어 전장에 투입되는 사람이 늘어났다. 혹은 징용 노동자로 공장, 광산, 위험한 공사장으로 향하는 사람들도 생겨났다.

민족주의자들은 전향해 조선임전보국단이나 국민총력조선연맹 등을 중심으로 대일 협력을 하게 된다. 그리고 조선총독부의 자문기관인 중추원이나 각 도의 지사나 의원을 지낸 이들은 일련탁생(一蓮托生)[6] 속에서 제국 일본의 붕괴를 맞이하게 된다.

전시하의 이러한 상황에서는 더 이상 스포츠 같은 것을 할 수 없었다. 두 사람을 만날 수 있게 했고, 두 사람의 삶을 이끌어 주었던 스포츠가 없는 세상에서 강복신은 떠났다. 조선에 스포츠가 돌아오는 날은 1년 이상을 더 기다려야 했다.

---

6) 끝까지 행동과 운명을 함께함을 비유적으로 이르는 불교의 용어.

제5장

해방 후의 세계에서:
과거의 영광과 굴레

1947년, 보스턴 마라톤 출전

자유해방경축종합경기대회와 태극기

1945년 8월 15일, 포츠담 선언 수락을 알리는 '옥음(玉音) 방송'이 흘러나왔다. 연합국에 무조건 항복함으로써 제국 일본의 시대는 끝났다. 조선은 식민지 지배에서 해방된 것이다.

환희로 가득 찬 조선 민중의 모습과는 달리 조선 지식인들은 두 가지 점에서 우울했다.

하나는 이 해방이 조선 민족에 의한 자주독립이 아니었기 때문이다. 자신의 손으로 민족 독립을 쟁취하지 못한 것은 민족 운동을 주도해 온 조선 지식인들에게 충격이었다. 소련과 미국이 북위 38도를 경계로 각각 관리 구역을 설정한 결과, 해방은 조선 민족의 자유를 보장하는 것이 아니게 되었다. 조선 지식인들에게는 갑작스러운 좌절이었다.

1945년 10월 27일, 자유해방경축종합경기대회에서 기수를 맡은 손기정(왼쪽).

또 하나는 조선총독부를 중심으로 한 식민지 권력과 협력 관계를 맺어온 조선 지식인들이 있었기 때문이다. 그들은 언젠가 다가올 단죄의 때를 전전긍긍하는 마음으로 기다려야만 했다.

전자의 조선 지식인들은 중도좌파 민족 운동가로 유명한 여운형, 안재홍 등이었고, 후자는 예를 들어 앞에서 언급한 김성수와 송진우를 중심으로 한 동아일보 그룹의 사람들이었다. 두 그룹은 서로 양립할 수 없는 부분은 있었지만, 조선 사회에서 스포츠를 보급해 나가기 위해서는 서로 간의 협력이 필요했다.

해방 후 가장 먼저 스포츠 활동을 시작한 이는 이상백이었다. 대일본체육협회 이사를 역임하고, 1932년 로스앤젤레스 올림픽과 1936년 베를린 올림픽 두 대회에 임원으로 대표 선수단과 함께 활동한 인물이다. 1940년에 예정된 도쿄 올림픽에서는 준비위원도 맡았으며, 제국 일본의 스포츠계에서 외지 출신으로는 가장 잘 알려진 인물이었다. 이상백은 1939년에는 외무성에서 중국으로 파견되어 중국의 스포츠 사정을 보고하기도 했다. 그 뒤에는 여운형의 영향을 받아 1944년 여운형이 조직한 건국동맹에 가입해 활동했다. 건국동맹은 일본의 패전을 예상하고 건국을 준비하기 위해 결성된 조직이다.

이상백은 1945년 9월 조선체육동지회(이하 동지회)를 조직하고 미국 주둔군과의 스포츠 교류에 나섰다. 동지회는 식민지 시기에 해산된 조선체육회를 재건하기 위해 결성되었다고 한다. 조선체육회는 1920년 민족의 체육·스포츠 발전을 위해 발족한 조직이었으나, 1938년 해산을 강요당하고 일본의 조선체육협회에 흡수 합병된 상태였다. 손기정은 이 동지회의 회원으로 가입했다.

다음 달인 10월 27일부터 5일간 자유해방경축종합경기대회(이하 해방경축대회)가 서울 운동장에서 개최되었다. 이상백은 이 대회의 대회위원장을 맡았다. 이 대회에는 이후 초대 대통령이 될 이승만이 내빈으로 초대되었고, 여운형도 참석한 가운데 손기정이 기수를 담당했다. 많은 관중이 지켜보는 가운데 손기정은 태극기를 들고 행진했다.

손기정을 본 이승만은 기념사에서 "태극기를 선두로 진행된 행렬 속에서 손기정 군을 보고, 세계적으로 우리 조선 사람

중도좌파 민족운동가이자 조선체육회 회장을
역임했던 여운형.

의 이름을 떨친 것을 생각할 때 무한한 감격을 하였다. 우리는 이 세계적인 선수인 손 군을 위하여 다 같이 박수를 보냅시다."(《자유신문》, 1945년 10월 28일)라고 말했다.

마라톤 제패 10주년 기념행사

1945년 11월 26일, 동지회가 해산되고 조선체육회가 재조직되었다. 제11대 회장에는 여운형, 부회장에는 유억겸과 신국권 두 사람이 취임했다. 손기정은 이때 조선체육회 위원에 들어가지 않았으나, 이듬해인 1946년 2월 26일의 조직 개편 때 남승룡과 함께 평의원의 직책을 맡았다.

  3월이 되면서 제2차 세계대전 이후 첫 올림픽이 되는 1948년 런던 올림픽 출전에 대한 검토가 시작되었다. 1946년 8월은 손기정이 베를린 올림픽에서 금메달을 획득한 지 10주년이 되는 시기여서, 그 영예를 기리는 마라톤 제패 기념사업 계획도 시작되었다. 손기정은 조선의 각 도를 순회하며 청소년을 위한 체육·스포츠의 보급에 힘쓰기 시작하는 등 해방 후의 스포츠 진흥 활동에 관여했다. 한편, 이 시기 서울의 영화관에서는 레니 리펜슈탈의 〈민족의 제전〉이 상영되었다고 한다.

  4월에는 제1회 전국마라톤대회가 개최되었다. 이 대회에서 우승한 서윤복은 2시간 39분 30초라는 좋은 기록을 달성했다. 그는 1년 후 보스턴 마라톤에서 2시간 25분 39초의 세계 신기록으로 우승하며 해방 후 민족의 영웅으로, 손기정을 능가할 정도로 주목받게 된다.

  이 마라톤 대회에는 조선체육회 부회장이자 문교부 장관인 유억겸이 내빈으로 참석했다. 유억겸은 총력전 시기에 조선인 학생들을 전장에 보내는 데 협력한 인물이었다. 축사에서 "지난 1936년 베를린에서 조선 사람으로서 마라톤 종목에서 세계 최고 기록을 지어 조선 민족의 존재를 세계에 빛낸 손기정 군을 비롯한 제씨(諸氏)의 공적은 영원히 국제 올림픽대회의 역사에 남을 것이다"(《중앙신문》, 1946년 4월 27일)라고 말하며 조선의 젊은 청년들을 향해 국제무대에서 활약해 세계 하늘에 태극기를 휘날리게 하자고 격려했다.

8월 20일, 《동아일보》가 주최한 마라톤 제패 기념 10주년 기념식이 덕수궁에서 성대하게 열렸다. 이 기념식은 김성수가 명예 회장, 유억겸이 회장을 맡았고, 일장기 말소 사건을 주도한 이길용이 총무위원과 행사위원을 맡았다. 손기정과 남승룡은 기념식에 초대되어 이승만과 대한민국 임시정부 주석 김구로부터 다음과 같은 말을 들었다.

이승만은 다음과 같이 말했다.

> 우리 민족은 일제의 딘입 아래 그저 믹고 입고 그리고 숨을 쉬고 있었다. '산송장'에 지나지 않았다. 그런 역경 속에서 손기정, 남승룡 두 선수가 조선의 명예를 위해 세계 무대에서 싸워 승리를 거뒀다. 우리 3천만 민족도 이 두 선수처럼 불굴의 투지를 발휘하자.
> ——『대한체육회 90년사』

또한 김구는 두 선수에게 다음과 같은 말을 남겼다.

> 나는 오늘까지 세계를 제패한 손기정 때문에 세 번 울었다. 10년 전 베를린에서 망국민의 한 청년으로서 세계 열강의 젊은이들과 사투를 벌여 우승했으나, 조선 사람이면서도 조선 사람 행세를

못해 신문지상에서 그대들의 가슴에 달린 일장기를 보면서 나는 울었고, 태평양전쟁이 일어났을 때 중국의 중경에서는 조선 청년 손기정이 일본군에 자원, 필리핀에서 전사했다는 소식을 듣고 불쌍해서 울었다. 그리고 오늘 죽었다던 손 군을 광복한 조국 땅에서 다시 보니 감격해서 또 눈물을 흘리고 말았다.

―위의 책

김구의 이 기념사는 '세 번의 눈물'로 불리며 손기정에게 보낸 말로 잘 알려져 있다. 다만 여기서 말하는 두 번째 눈물은 민족의 영웅이 제국 일본의 병사로 지원해 전사했다는 이야기이다. 이 이야기는 다른 데에서는 들을 수 없으므로 충칭(重慶)에서 퍼진 소문이 아닐까 짐작된다.

그러나 손기정이 지원병으로서 전사했다는 이야기는 아주 중요한 의미를 지닌다. 제국 일본의 군인·군속으로 전장에 나갔던 조선인들이 해방 후 친일파라는 손가락질을 받으면서 고뇌를 겪었다는 사실을 고려할 때 매우 복잡한 생각을 들게 하는 것이다. 대일 협력자로서 조선인 청년들을 전장으로 보내는 역할을 수행한 김성수나 유억겸은 기념식에서 이 같은 말을 들으면서 어떤 생각이 들었을까.

1946년 덕수궁에서 동아일보사 주최로 열린 다른 행사에도 손기정은 민족의 영웅으로 초청되었다. 10월 9일에 열린 한글 반포 기념식이다. 한글은 민족을 상징하는 문자이자 문화이다. 이 해는 조선의 4대 국왕 세종이 한글을 반포한 지 500주년이 되는 해였기 때문에 그 기념식이 열렸다. 기념식의 개막을 장식한 것은 역전(驛伝)이었다. 여주에 있는 세종대왕릉에서 덕수궁을 잇는 대역전이 열렸는데, 손기정은 마지막 주자로 나섰다. 손기정은 덕수궁을 가득 메운 1만여 군중의 환호와 박수 속에 등장해 행사를 빛내는 역할을 했다.

보스턴 마라톤 참가 모색

이 무렵 손기정은 김은배, 권태하, 남승룡 등 조선인 올림픽 선수들과 얼굴을 마주하며 마라톤 보급을 목적으로 1946년 8월 9일 마라톤 보급회를 조직했다. 위원장은 권태하, 총무는 김은배, 그리고 지도원에는 손기정과 남승룡이 취임했다.

마라톤 보급회 활동을 하는 가운데 손기정은 '보스턴 마라톤' 소식을 접했다. 과거 베를린 올림픽에서 함께 마라톤을 뛰었던 미국 선수 존 켈리로부터 "내[손기정]가 준 그 신비한 운동화의 신통력 덕분에 보스턴 마라톤에서 우승했다는 환희와 감사"의 엽서를 받았기 때문이다. 존 켈리는 1935년에 이어서 1945년 4월의 보스턴 마라톤에서도 우승했다. 이때의 우승을 알리는 엽서를 손기정에게 보낸 듯하다.

존 켈리는 베를린 올림픽 때 손기정이 신었던 일본식 버선(足袋) 스타일의 신발이 손기정이 가진 강한 힘의 비결이라고 생각해서 그 신발에 큰 관심을 가졌다. 손기정은 자신의 신발한 켤레를 그에게 선물했던 것이다.

 이 한 통의 엽서를 계기로 손기정은 보스턴 마라톤 출전을 모색한다. 그리고 미군정청을 통해 보스턴 마라톤 대회 조직위원회와 연락을 취해 정식 초청장을 받는다. 보스턴 마라톤 참가가 순조롭게 승인된 것은 손기정이 베를린 올림픽 금메달리스트였기 때문이다. 손기정은 미국에서 가장 유명한 동양의 마라톤 선수였다. 《영남일보》는 손기정이 보스턴 마라톤에 출전하게 된 것을 다음과 같이 보도하고 있다.

> 미국 보스턴에서 개최되는 제51회 세계 마라톤 대회는 오는 4월 18일에 거행키로 되었는데, 조선통신사장 김승식 씨는 본 대회에 조선 대표 선수로서 손기정, 서윤복 양군의 출전을 요청하고 있다. 이에 대하여 김승식 씨는 대회본부에서 보낸다는 제반 수속 서류가 도착되는 대로 군정 당국과 육상연맹과 상의하여 양 선수를 대동하고 도미(渡美)할 예정이라고 한다.
> ──《영남일보》, 1947년 2월 28일

 김승식은 1945년 12월 조선육상경기연맹(이하 육상연맹)이 발족한 뒤 이듬해 1월에 회장에 취임했다. 그는 미국 유학 경험이 있어 미국과의 관계를 맺는 데 적합했던 것 같다. 이때 손기정은 육상연맹의 이사를 맡고 있었다.

 그 뒤 조선에서 보스턴 마라톤에 참가하는 선수는 손기정, 남승룡, 서윤복 세 명으로 결정되었다. 손기정은 경기 참가 비용을 대부분 장교와 장관들이 부담해 주었다고 자서전에 썼다. 그러나 《동아일보》(1947년 4월 3일)는 전 연희전문학교(지금의 연세대학교) 교장 언더우드 박사가 5,000달러를 기부했고, 미군정청의 하지 장관 대리로부터 1,500달러의 기부금이 있었다고 보도했다. 《서울석간》(1947년 4월 4일)에도 같은 내용의 기사가 실려 있다. 어쨌든 세 선수가 보스턴에 가기 위해서는 미국의 힘과 원조가 중요했고, 미국 입장에서도 조선인 선수의 참가는 친목을 강조하는 것으로 연결되었을 터이다.

서윤복의 세계 기록 우승

손기정은 선수로 참가할 예정이었지만 이미 그의 나이 35세였다. 보스턴 마라톤에 임하는 포부에 관한 질문을 들을 때마다 그는 서윤복이 우승 후보라고 말했다.

4월 2일, 이전에 조선총독부로 사용된 미군정청 마당에서 세 사람을 위한 장행회가 열렸다. 이 자리에서 손기정은 다음과 같이 말했다.

> 11년 전에 베를린에서 개최된 세계 올림픽 마라톤에 일장 마크를 달고 쓰라린 마음으로 참가한 후 또다시 우리 조선 대표의 자격으로 국제 무대에 오르게 된 것은 대단히 기쁩니다. 금번 출장하는 저는 우승을 목표하는 것보다 서윤복 선수를 돕는 것이 제일

1947년 4월 19일, 보스턴 마라톤에서 결승 테이프를 끊는 서윤복.

큰 의무입니다. 출발하는 군정청 앞뜰은 11년 전에는 총독부였고 또 금일은 미군정청인 것을 슬프게 생각합니다. 우리가 돌아오는 때는 우리 국가의 정부의 뜰이 되기를 마음 깊이 축원합니다.
—《서울석간》, 1947년 4월 4일

    마라톤 보급회를 조직할 때 손기정은 재능 있는 젊은 선수를 발굴하고 그 선수들을 키워내는 것을 목표로 삼았다. 1923년생으로 당시 24세였던 서윤복의 재능에 손기정은 기대를 걸었고 그에게 기회를 주고 싶었던 것이리라. 자신이 보스턴 마라톤에 참가하는 것도 서윤복에게 좋은 선물이었던 셈이다. 또한 손기정이 미군 통치하의 당시 조선의 상황을 걱정하고 있었다는 것도 이 발언을 통해 알 수 있다.

4월 3일, 세 사람은 미군정이 준비해 준 수송기를 타고 김포 비행장을 출발, 도쿄에서 1박을 한 뒤 미국으로 향했다. 그 뒤 샌프란시스코를 경유해 4월 10일에 보스턴에 도착한다. 출발 전에는 경기 참가 의향을 보였던 손기정은 다리를 다친 사정도 있어서 기권하고, 서윤복과 남승룡이 경기에 참가하게 되었다.

4월 19일 정오, 쾌청한 날씨 속에 제51회 보스턴 마라톤이 개막했다. 서윤복은 자신에게 접근한 개 때문에 달리기에 방해를 받아 넘어지는 사고를 당했지만 열심히 달렸다. 31킬로미터가 지난 가파른 오르막길에서 작전을 펼친 결과, 선두를 달리던 핀란드의 피타넨을 따라잡았다. 서윤복은 그대로 골인해 우승했다. 남승룡은 2시간 40분 10초의 좋은 기록으로 선전하며 12위를 차지했다. 손기정은 서윤복의 우승에 대해 "서 선수의 우승을 확신했다"라고 말했다.

서윤복의 2시간 25분 39초는 당시 세계 최고 기록이었다. 이 우승은 남쪽의 조선인들에게 베를린 올림픽 당시 손기정의 금메달을 방불하게 하는 것이었다. 조선 지식인들은 서윤복의 우승에 흥분하며 이 승리는 조선 민족이 국제적으로 우수한 민족임을 증명하는 것이라고 말했다. 세 사람의 보스턴 마라톤 참가를 위해 5,000달러를 기부한 언더우드는 다음과 같이 말했다.

이번 대회에 1등은 반드시 조선 선수가 하리라 굳게 믿었었다. 해방은 되었다 하나 아직 뚜렷한 국제적 발언권이 없는 조선 민족이 한자리에 모인 이번 대회에서 세계 신기록으로 당당히 우승하여 태극기를 하늘 높이 올렸다는 것은 조선 민족의 실력을 전 세계에 알린 것이며, 금후 조선 통일 문제에 큰 도움이 되리라고 믿는다.
──《영남일보》, 1947년 4월 22일

서윤복은 자신의 우승에 대해 다음과 같은 감상을 밝혔다.

나의 승리는 우리 조국을 해방하여 주었으며 나에게 자유한 몸으로 경주할 기회를 풀어 준 미국군의 덕택이다. 나는 특히 나와 나의 동료가 미국에 올 수 있도록 헌금하여 준 조선에 있는 미군정청 및 미국인에게 감사하는 바이다.
──《자유신문》, 1947년 4월 21일

조선 지식인들이 느끼고 있는 우울과는 정반대로 서윤복은 지금 자신의 상황과 그 꿈을 이루어준 미국에 대한 감사를 솔직하게 말했다. 운동선수에게 중요한 것은 우선 경기에 참가하는 것이기 때문이다. 신문 기사의 제목은 「내 승리는 독립의 상징」이었지만, 그것은 자주 독립이 아니라 실제로는 미국에 의한 독립이었다. 국제적으로 독립을 승인받는 기회를 얻기 위해서는 국제적으로 공인되는 스포츠 대회에 참가하는 것이 중요했던 것이다.

런던 올림픽 출장을 향한 길

손기정은 보스턴 마라톤에서 우승한 서윤복과 함께 6월 22일 인천을 통해 귀국했다. 영웅 서윤복의 개선이었다. 조선 사람들은 새로운 민족 영웅의 출현에 흥분해 있었다. 서윤복이 보스턴 마라톤에서 우승한 이후 신문 지면은 연일 서윤복에 관한 이야기로 가득했다.

그렇지만 이 같은 흥분의 한편에서 조선체육회 관계자들은 1948년 7월에 개최될 예정인 런던 올림픽 참가를 모색하고 있었다. 손기정과 서윤복이 귀국할 즈음은 런던 올림픽 참가를 위한 마지막 단계에 있었다.

제2차 세계대전 후 국제올림픽위원회(이하 IOC)에서 런던 올림픽을 개최하기로 결정된 것은 1945년 10월의 일이다. 해방 후인 1946년 6월 6일 올림픽대책위원회(이하 대책위원회) 결성 모임이 열려 각 경기 단체에서 대표 한 명씩을 대책위원회에 참석하도록 통고하며 올림픽 참가를 모색하기 시작했다. 7월 3일자 《대한독립신문》에는 대책위원회에 소집된 멤버가 기재되어 있는데, 손기정 역시 그중 한 명이었다.

하지만 이 시점에서 올림픽 대책에 중요한 인물이 빠져 있었다. 바로, 이상백이다. 앞서 언급했듯이 이상백은 1932년과 1936년 두 차례의 올림픽에 대일본체육협회 임원으로 수행하면서 IOC와 인맥을 쌓은 몇 안 되는 인물이었다.

다만, 식민지 시기 이상백의 '빛나는' 경력은 대일 협력자로 비쳤고, 이를 바람직하지 않게 생각하는 사람들이 있었다. 그래서 이상백은 해방경축대회를 주관한 뒤 스포츠 활동의 지도자적 위치에서 물러나 있었다.

그러나 런던 올림픽을 목표로 하는 조선체육회는 이상백의 힘이 꼭 필요했다. 1947년 7월 15일, 대책위원회는 이상백을 부위원장으로 발탁하면서 사실상 런던 올림픽 참가를 위한 책임자로 임명했다. 2년도 채 안 되는 기간에 모든 절차를 끝마치고 대표단을 런던으로 보내기 위해서는 그가 필요했다.

9월에는 손기정 등 올림픽 선수 네 명이 연명으로 조선의 올림픽 참가를 요청하는 메시지를 미국의 스포츠 관계자들에게 보냈다. 우선 미국의 지지를 이끌어 내기 위해서였다.

12월의 단계에서 이상백이 IOC 측과 교섭을 진행하는 가운데 참가가 가능하리라는 답변을 얻었다. 교섭 상대는 미국의 애버리 브런디지(Avery Brundage)였다. 브런디지는 1952년부터 1972년까지 IOC 위원장을 역임한 인물로, 이 시기에는 IOC 부위원장이었다. 이상백은 로스앤젤레스 올림픽에서 브런디지를 알게 된 이래 친분을 쌓아 왔다. 그 브런디지가 충분히 가능성이 있다며 밀어주고 있었다. 대책위원회 위원장이었던 유억겸은 이 시기 올림픽 참가에 대해 다음과 같이 말했다.

> 과거 일제시대라도 만약 일본이 반대만 하지 않고 조선에 NOC[국내올림픽위원회]만 있었더라면 조선 단위로 참가할 수도 있었던 것이다. 올림픽 참가에 독립국가와 속령 보호국가의

차별이 없을 뿐 아니라 일국의 영토라도 독립 전의 필리핀과 같이 일개의 NOC로 탁가(託可)한 예가 있다. 어느 점으로 보아도 조선은 충분히 참가할 자격이 있으며 정치적으로도 우리의 참가를 저해하는 일본 제국주의가 없는 이상 우리의 참가를 거부할 이유와 근거는 없다고 믿는다.

─《대한독립신문》, 1946년 12월 31일

대책위원회는 물론 조선체육회도 런던 올림픽 참가가 가능하다는 인식을 공유하기 시작했다. 그러나 이를 위해서는 절차를 진행해야 했다. 올림픽 참가를 위해 국내올림픽위원회(NOC)를 조직하고 IOC의 승인을 받아야 했다. 이를 위해 3개 종목 이상의 국내경기연맹이 국제경기연맹에 가입해야 했다.

다행히도 1947년 4월 29일 단계에서 육상, 축구, 농구, 레슬링 등 4개 종목의 경기연맹 가입이 승인되어 NOC 출범 조건을 충족했다. 이제 6월에 스톡홀름에서 열리는 IOC 총회에 참석해서 정식으로 NOC로서의 승인을 받는 일만 남았다.

스톡홀름에는 전경무가 참석했다. 전경무는 6월 17일에 열리는 IOC 총회를 목표로 5월 29일 일본 아쓰기(厚木) 비행장에서 미군용기에 올랐다. 그러나 그가 탄 미군용기는 이륙 직후 난기류에 휩쓸려 추락하면서 전경무를 잃고 만다. 조선에서 출발하면 시간에 닿지 못하게 되어 무역상인 재미 한인 이원순이 급히 IOC 총회에 참석하고, 1947년 6월 20일 남측 조선은 'KOREA'라는 명칭으로 IOC에 가입한다.

1948년 7월 29일, 17일에 걸친 런던 올림픽이 개막하고 조선 대표가 처음으로 태극기를 들고 올림픽에 출전했다. 선수 50명, 임원 및 기타 17명이 참가했다. 런던 올림픽에는 59개의 나라와 지역이 참가했다. 패전국인 일본과 독일의 참가는 허용되지 않았다. 손기정은 육상 경기의 트레이너로 올림픽에 따라갔다. 마라톤에는 서윤복, 최윤칠, 홍종오, 함기용, 네 명이 참가했는데 이 중에서 서윤복, 최윤칠, 홍종오, 세 명이 마라톤에 출전했다.

하지만 세 사람은 모두 좋은 성적을 내지 못했고, 런던 올림픽에서 영웅은 나타나지 않았다.

8월 하순에 선수단이 귀국했을 때, 조국의 땅에는 대한민국이 성립되어 있었다.

남북분단 시대로:
한국전쟁부터 국적 회복 사건까지

1, 2, 3위를 독식한 감독으로

런던 올림픽 마라톤 경기 성적은 참패였다. 1947년 보스턴 마라톤을 제패한 서윤복이 출전했고, 참가 전에는 올림픽 금메달 제패가 꿈만은 아닌 것으로 여겨졌던 만큼 마라톤에 대한 세간의 비난은 거셌다. 그 비난의 화살은 손기정에게도 향했다.

선수단이 런던 올림픽 참가를 성사시킨 것만으로도 기적적인 일이었지만, 조선반도가 분단되는 상황에서 대한민국에서 내셔널리즘을 고양하기 위해서 스포츠에서의 활약에 대한 과도한 기대가 있었으리라.

1949년 손기정은 명예 회복을 기약하며 서윤복 등과 함께 다시 보스턴 마라톤 우승을 노린다. 손기정은 같은 해 4월에 감독으로 보스턴 마라톤에 참가할 예정이었다. 그러나 그러한 손기정의 의도와는 달리 보스턴 마라톤 참가를 위한 대한민국 육상경기연맹(이하 육상연맹)의 여비 조달, 원정 일정 조정이 잘되지 않아 파견 선수들의 보스턴 출발이 몇 차례나 연기되었다. 잦은 일정 변경 속에서 선수들의 컨디션 유지는 어려웠다. 이에 분개한 손기정은 짧은 보스턴 체류로는 선수들이 좋은 결과를 남기기 어렵다고 주장하며 서윤복과 함께 출발을 거부한다. 결국 그 후의 육상연맹의 설득에 응한 서윤복 등 세 선수만이 보스턴으로 향했다.

4월 11일 출국 당일, 손기정이 선수들과 함께 김포공항에 도착했을 때, 어떤 이유에서인지 손기정이 아닌 다른 코치가 선수 인솔을 위해 탑승하게 되어 있는 것이었다. 이를 수상히 여긴 손기정은 서윤복, 홍종오와 함께 서울로 돌아가려 하지만, 이들 중 일부가 이 같은 육상연맹의 대응에 참지 못하고 공항에 와 있던 육상연맹 임원들에게 폭행을 가하는 사건이 발생한다. 결국 이 사건으로 인해 보스턴 마라톤에 불참하게 되었다.

한편 공항에서의 폭행 사건은 각 신문을 통해 보도되었고, 손기정은 사건 발생 일주일 후 폭행 혐의로 구속되었으나 폭행죄는 적용되지 않아 이튿날 석방된다. 다만, 이 폭행 사건의 영향으로 육상연맹의 개편이 이루어지게 되었다.

1950년 4월, 손기정은 다시 보스턴 마라톤에 도전한다. 손기정은 감독 겸 코치로 최윤칠, 함기용, 송길윤의 세 선수를 인솔했다. 이리하여 이 54회 대회에서 우승을 차지한 것은 2시간 32분 39초를 기록한 함기용이었다. 송길윤과 최윤칠도 각각

2, 3위를 차지하며 시상대를 한국 선수들이 독차지했다. 손기정은 컨디션이 좋지 않았던 최윤칠이 결승선을 통과하는 순간, 그의 고군분투에 눈물을 흘렸다고 한다.

이 우승은 51회 대회에서 서윤복의 우승과 마찬가지로 한국 스포츠계의 쾌거였고, 손기정은 그 환희의 중심에 있었다.

6월 3일 귀국한 손기정과 선수들은 열렬한 환영을 받았다. 대통령 이승만은 손기정의 손을 꼭 잡고 노고의 말을 건넸다고 한다. 이튿날에는 보스턴 마라톤을 제패한 선수단을 위한 환영회가 서울 운동장에서 개최되었다. 이승만도 참석해 축사를 했다. 손기정은 이 자리에서 이승만과 응원해 준 사람들에게 감사의 인사를 전하며 다음과 같은 말로 마무리했다.

> 끝으로 부탁은 선수들에게 영웅심을 주지 말고 선수들을 상품화하지 말고 선수들을 정치 도구화 말기를 간절히 바란다.
> ─《자유신문》, 1950년 6월 5일

이 마지막 말은 손기정에게 절실한 것이었으리라. 제국 일본과 조선 민족 사이에서 휘둘려 온 손기정은 후배 선수들이 정치적으로 이용당하는 것을 우려했다. 이 시기는 조선반도가 분단됨으로써 '한국'의 내셔널리즘이 더욱 필요했던 시기이기도 했기에, 스포츠에 의해 고양되는 내셔널리즘이 상대방인 북조선에 대한 반공 구호와 함께 이용될 가능성이 높았기 때문이다.

한국전쟁 발발과 도피행

승리해 귀국한 뒤 3주 후인 1950년 6월 25일, 북조선이 대한민국을 침공해 한국전쟁이 발발했다. 1953년 휴전협정을 맺음으로써 전쟁은 종결되었지만, 이 전쟁으로 한반도는 피폐해졌고 한국에서는 130만 명이 목숨을 잃었으며, 많은 이산가족을 낳았다.

이 시기 손기정도 망명 생활을 할 수밖에 없는 상황이었다. 전쟁을 피해 남하하면서도 손기정은 마라톤 보급회를 중심으로 활동을 이어갔고, 1951년 제55회 보스턴 마라톤 대회도 목표로 삼았다. 그러나 보스턴 육상협회 회장은 한국팀의 참가를 반대하는 입장을 표명했다. "한국 선수들은 당연히 국내에 남아서 싸워야 한다. 우리 미국의 젊은 청년들은 지금도 한국을 수호하려는 목적으로 먼 조국과 떨어져 있는 땅에서 용감하게 싸우고 있지 않는가?" 이것이 이유였다. 전쟁이 손기정의 도전을 불가능하게 만들었다.

한국전쟁으로 많은 지식인과 유명 인사들이 남에서 북으로 끌려갔다. 《동아일보》 기자로 일장기 말소 사건을 주도한 이길용도 그중 한 사람으로, 그는 북조선군에 끌려간 채로 행방이 묘연하다.

손기정의 소식도 불투명한 상황이었다. 1950년 11월 8일자 《마이니치신문》에는 「손 군은 살아있었다」라는 제목으로 런던 올림픽에서 선수단 총무를 맡았던 김용구의 편지가 실렸는데, 손기정이 살아서 서울로 돌아왔을 때를 다음과 같이 보도하고 있다.

> 손 선수가 살아서 경성으로 돌아올 것이라고는 아무도 믿지 않았다. 이승만 대통령에게 총애를 받고 미국과 일본에도 지인이 많은 그는 당연히 정치범으로 처형된 것으로 여겨졌다. (……) 마침내 손기정은 수척해져 영락한 몰골로 어디선가 모습을 드러냈다. 담배 연기가 자욱한 가운데 처음에 나는 그가 유령이 아닌가 의심할 정도였다. 그러나 그 후 보스턴 마라톤에서 용맹을 떨쳤던 서윤복, 함기용, 최윤칠 세 선수도 지하에서 나왔다. 남쪽으로 도망친 올림픽 선수들이 속속 경성으로 돌아왔다. 우리는 지금 올림픽 부대를 만들어 부흥 사업에 전념하고 있다.
> ─《마이니치신문》, 1950년 11월 8일

손기정 자신이 정치와 무관하게 지내고자 하는 것과는 달리, 손기정을 아는 사람들은 손기정이 이승만 같은 거물 정치인이나 많은 일본인, 미국인과 친분이 있었기 때문에 북조선군의 표적이 될 가능성이 높다고 생각했다. 그러나 손기정은 전쟁에서 살아남아 북조선군에 잡히지 않고 경성으로 돌아왔다.

북조선 스승에 대한 복잡한 생각

한국전쟁을 계기로 북조선에 대한 손기정의 생각은 복잡한 것이 되었다.

고향 신의주로 돌아갈 수 없게 된 것도 그렇지만, 북조선 군대에서 겨우 목숨을 건져 도망친 경험, 또 그 이후의 이야기가 되겠지만, 1964년 도쿄올림픽에서 남북 통일팀의 실현을 위해 북조선 측 대표와 상담하게 된 것이 그 생각을 더욱 복잡하게 했다.

이 남북 통일팀을 위한 남북회담은 제1차 회담이 1963년 1월 스위스 로잔에서 개최되었다.

손기정은 북측과의 회담에 한국 측 대표단의 일원으로 참가해 큰 틀의 합의를 이루어내지만, 이어진 5월에 홍콩에서 열린 제2차 회담에서는 합의가 물거품이 되면서 남북 통일팀 실현의 어려움을 통감하게 된다.

이 시기 북조선의 육상경기협회장은 손기정의 소학교 시절 은사였던 이일성이 맡고 있었다고 한다. 베를린 올림픽에서 우승한 손기정이 여의도 비행장에 개선했을 때 평안북도 땅에서 손기정을 마중 나와 그의 늠름한 모습을 보러 와 준 은사이다. 남북 사이에 그어진 경계선은 손기정과 고향 땅과 그곳 사람들과의 관계를 끊어버렸고, 이는 되돌릴 수 없는 것이 되어버렸다.

도쿄 올림픽 직전의 '친일' 발언 문제

한편 베를린 올림픽 직후 《동아일보》에서 문제시된 일장기 말소 사건은 해방 후의 세상에서 《동아일보》에게 있어서는 민족운동을 주도한 확고한 증거로 자리 잡게 되었다. 동아일보사는 해방 직후 마라톤 제패 10주년 기념식을 성대하게 개최하고, 그 뒤로도 10년마다 일장기 말소 사건 특집이나 손기정의 베를린 제패를 축하하는 기사를 게재한다.

일장기 말소 사건과 손기정은 제국 일본에 저항한 상징으로서 민족의 기억이 되었고, 해방 후의 세상에서도 지면을 통해 그 기억이 몇 번이고 소환되었다.

21세기인 지금까지 《동아일보》는 그 경영자였던 김성수가 대일 협력자라 하여 비난을 받고 있지만, 식민지 시기의 일장기 말소 사건은 이 대일 협력의 이미지를 완화하는 계기로 작동하기도 했다.

한편 손기정에게는 일본에 많은 지인이 있었다. 베를린 올림픽 이후 메이지 대학에서 학창 시절을 보냈기 때문에 일본 사정에 밝았을 뿐만 아니라 당연히 일본어도 능통했다. 그래서 일본 언론의 취재에도 응대하는 경우가 많았다.

1964년 도쿄 올림픽을 앞두고 일본 신문사와 이야기한 내용이 한국에서 큰 문제가 된 적이 있다. 10월 10일 개막을 거의 한 달 앞두고 《산케이신문》(1964년 9월 8일자)에 「일본이 마라톤에서 우승할 수 있다!」라는 제목과 함께 인터뷰가 게재되어 손기정이 마치 일본 마라톤을 응원하는 것처럼 보도되었다.

　이 시기 한국의 마라톤계는 침체기여서 도쿄 올림픽 메달에 대한 기대는 낮았다. 이를 감안해 손기정은 일본을 포함한 아시아 국가가 우승하기를 기대한다는 취지의 발언을 했다. 특히 일본 선수단에 좋은 기록을 가진 선수들이 있다는 사실을 언급했다. 그러나 「일본이 마라톤에서 우승할 수 있다!」라는 제목을 두고 한국 언론이 이를 '친일'적 발언으로 문제 삼은 것이다.

　손기정은 산케이 신문사에 항의했고, 산케이 신문사 측도 손기정에게 폐를 끼친 것에 대해 사과했지만, 기사 내용을 철회하는 데까지는 이르지 못했다.

　손기정은 한국 언론에 기사가 발언 내용과 다르다고 반론을 제출했고, '친일' 발언 문제는 이로써 일단락되었다. 그러나 사소한 발언이 '친일' 문제로 비판받을 가능성이 있었기 때문에 손기정은 한국의 내셔널리즘을 더욱 강하게 의식해야 했다.

국적 회복 사건: 국회의원의 용기 있는 발걸음

1970년 8월, 손기정의 국적 표기를 둘러싸고 하나의 사건이 발생한다. 8월 15일, 한국의 광복절인 이날 베를린을 방문한 한국의 국회의원 박영록이 올림픽 경기장 돌담에 새겨진 손기정의 국적 'JAPAN'을 끌과 망치로 깎아낸 뒤 'KOREA'라고 새로 새긴 뒤에 경기장을 떠난 것이다. 아내와 둘이서 한밤중에 몰래 경

국적 회복 사건을 보도한 《동아일보》(1970년 9월 10일).

기장에 들어가 자정부터 시작한 작업은 4, 5시간이나 걸렸다고 한다. 그러나 그들의 행동은 경기장을 관리하는 직원들의 눈에도 띄지 않았다. 다만 이러한 행위가 민족의식의 발로라고는 해도 정식 절차를 거치지 않은 것은 분명했고, 무단 침입 및 공공재산 파괴 혐의로 박영록에게는 서독 경찰의 체포 영장이 발부되었다. 결국 박영록은 체포되지 않고 귀국했지만, 이후 서독은 'KOREA'를 'JAPAN'으로 되돌려 놓았다.

1922년생인 박영록은 손기정의 베를린 올림픽 금메달과 일장기 말소 사건에 대해 어릴 때부터 관심이 많았다고 한다. 당시 박정희 정권하의 최대 야당인 신민당 소속 의원으로서, 베를린 경기장에 새겨진 손기정의 국적이 'JAPAN'으로 되어 있는 것을 알고 이를 바로잡아야 한다고 생각했다고 한다.

'KOREA'라고 다시 새긴 직후인 8월 16일, 박영록은 박정희 대통령에게 전화를 걸었다. 박영록은 대통령에게 "이제 자기가 할 일은 다했으니 앞으로 정부가 다시 욕된 기록이 되살아나지 않도록 최대의 노력을 다해 줄 것"을 말하고 "민족의 회포를 풀 수 있도록 가능하면 손 선수를 베를린에 급파해 줄 것을 부탁했다"고도 말했다(《동아일보》, 1970년 8월 18일).

다만, 이때 박영록의 행동이 많은 한국인의 지지를 받았는가 하면 그렇지는 않았다. 민주공화당 등 여당 의원들은 물론 언론도 그의 애국심을 높이 평가하면서도 지나친 행위라고 비판했고, 또 국회의원이 이 같은 행위를 해야 하는가 하는 냉정한 의견이 오갔다.

그렇다면 손기정 본인은 이 사건에 대해 어떻게 생각하고 있었을까?

손기정은 "나는 한국에서 태어나고 자랐다. 어디까지나 내 국적은 한국이고 일본일 수 없다"(《아사히신문》, 1970년 9월 10일)라고 말하면서 박영록이 한 행위의 정당성을 당사자의 입장에서 옹호하고 있다. 손기정은 귀국한 박영록을 만나 감사의 말을 전했다고 한다. 손기정은 2년 뒤 이 사건에 대해 다음과 같이 코멘트를 남겼다.

> 본인[박영록]은 준비해서 간 것 같다. 돌아와서 "할 일을 하고 왔다"고 하니, 내 입장에서는 "수고하셨습니다"라고밖에 말할 수 없었다. (……) 동아일보의 일장기 말살 사건 때는 모두가 인정했다. 민족주의적인 현실감이 있었다. 그러나 기념비 사건의 경우 그렇게까지 할 필요는 없다는 사람도 나타났다. 이는 내 뒤에 붙여진 일본이라는 나라 이름이 이미 역사적인 것이 되었기 때문이다. 우리에게는 일본이라 되어 있는 것이 오히려 '나라 없는 시대'를 떠올리게 하는 교훈이 아닐까.
> ─《아사히신문》, 1972년 7월 6일

여기에서는 손기정의 발언의 톤이 약간 달라졌다. 박영록의 행위가 비판을 받았고, 국적 회복 사건 이후에도 IOC가 베를린 스타디움 벽에 새겨진 국적 변경에 응하지 않은 것이 영향을 미쳤을지도 모른다.

'조선 민족'을 배경으로 한 일장기 말소 사건과 '한국'을 배경으로 한 국적 회복 사건의 온도차는 분명했다. 그래서 손기정은 'JAPAN'이라 새겨져 있는 나라 이름에 대해 '부정적 유산'으로서의 의미를 찾으려 했던 것이다.

그리고 한 달 뒤에도 이 사건에 대해 이야기하고 있다.

> 복원('JAPAN')은 국제올림픽위원회에서 결정한 것이기 때문에 어쩔 수 없다고 생각한다. 하지만 그때 나는 마음속으로는 일본을 위해서가 아니라 한국을 위해 뛰었다. 일본 사람들은 모르겠지만, 한국에서는 지금도 "나라 없는 시대에 손기정이 우승했다"고 말하고 있다. 나도 같은 마음이다.
> ─《아사히신문》, 1972년 8월 26일

손기정의 발언에서 중요한 것은 베를린 올림픽 마라톤을 '조선 민족'을 위해서가 아니라 '한국'을 위해 뛰었다고 명시하고 있다는 점이다. 국적 회복이라는 국가 내셔널리즘을 강하게 의식하게 하는 사건은 손기정에게 있어서 과거를 향해서도 '한국'을 투사하도록 했다.

서울 올림픽 유치와 성화: 스포츠계의 숙명

서울 올림픽 유치 활동

독일 바덴바덴에서 1988년 올림픽 개최지가 결정된 것은 1981년 9월의 일이다. 1979년 박정희 정권에서 올림픽 유치를 추진하기 시작했지만, 그해 10월 대통령 박정희가 암살되면서 한 차례 올림픽 유치 논의는 좌초되고 난관에 봉착했다. 박정희 사후 쿠데타를 일으켜 정권을 장악한 전두환이 올림픽 유치에 대한 추인을 표명하면서 유치 분위기가 단숨에 고조되었다. 재계 거물인 현대의 정주영은 유치추진위원장으로서 국가의 위신을 걸고 서울 올림픽의 실현을 위해 매진했다.

  손기정은 유치사절단의 일원으로 9월 20일 바덴바덴에 입국했다. 9월 30일, IOC 위원들의 투표가 시작되었다. 마지막 결선 투표에서 남은 곳은 일본의 나고야와 한국의 서울이었다.

이 마지막 결선 투표에서 예상을 뒤엎고 서울이 나고야를 52 대 27이라는 큰 차이로 누르고 압승한다. 한국에서는 정-관-재계가 일체가 된 총력전으로 서울 올림픽 개최를 이뤄냈다. 손기정은 자서전에서 당시를 회고하며 다음과 같이 적고 있다.

> [1988년 9월 서울 올림픽 개최가 결정된—옮긴이] 1981년 9월 바덴바덴에서의 감동은 지금도 누를 길 없다. 내 평생에 그렇게 즐거운 날은 없었던 것 같다.
> ―『나의 조국, 나의 마라톤: 손기정 자서전』

손기정은 한국의 위상을 건 올림픽 유치 활동에 참여했고, 유치가 결정되는 순간을 지켜보았다. 올림픽 개최 결정의 환희, 그리고 모국에서 처음으로 열리는 올림픽에 대한 기대와 희망으로 손기정은 가슴이 벅차올랐다.

민주화·학생운동과의 거리

올림픽이라는 빅 이벤트 유치에 성공한 한편, 당시 국내에서는 시민과 학생들에 의한 민주화 운동이 활발하게 전개되고 있었다.

1980년 5월 서울에서 민주화 운동이 시작되자 전남 광주에서도 민주화를 요구하는 시민들의 시위가 일어났고, 전두환 정권은 이를 군대를 동원해 진압함으로써 많은 시민들을 희생자로 만들었다. 이른바 광주 사건이다. 이 사건으로 대표되듯 1980년대 한국은 군사 정권에 저항하는 민주화 운동의 물결이 거세게 일었다.

이처럼 민주화 운동에 참여하는 시민들에게 서울 올림픽은 '당신들(정부 측)의 축제'이기도 했다. 즉, 한국 내에서 정부와 민주화 운동을 하는 시민들 사이의 대립은 올림픽에 대한 인식에 차이를 낳았다.

이 책에서 여러 번 인용한 『나의 조국, 나의 마라톤: 손기정 자서전』은 서울 올림픽 유치가 결정된 한편, 한국 내에서 민주화 운동의 분위기가 고양되는 시기에 출간되었다.[1] 따라서 이 책[일본어 번역본을 이름——옮긴이]은 서울 올림픽을 앞두고 일본인들의 지지를 얻기 위해 출판된 것이라고도 할 수 있다. 출판 당시 서울 올림픽 조직위원장이었고 훗날 전두환의 후계자가 되는 노태우는 다음과 같은 서문을 기고했다.

> 국권 상실의 고통과 전쟁의 잔혹함 등 온갖 비극을 가져온 이 시련의 세기에 종지부를 찍고, 우리는 오늘 영광스러운 올림픽 개최국이 되었다. 19세기가 끝나려 하던 격동기의 세계사에 현명하게 대처하지 못해 겪었던 과거의 모든 고난을 딛고 우리는 이제

---

1) 여기에서는 일본어 번역본의 출간을 의미한다. 노태우의 서문은 일본어판에만 실려 있다.

21세기를 향해 한 단계 도약의 꿈을 꾸고 있다. 서울 올림픽 개최는 우리의 이 같은 꿈을 구체적으로 실현할 수 있는 분명한 하나의 계기가 될 것이라고 확신한다.
──『아, 월계관의 눈물: 손기정 자서전』일본어판

한국 정부와 스포츠계는 서울 올림픽의 실현을 위해 국내외에 열심히 어필할 필요가 있으며, 조선반도, 그리고 한국의 고난의 역사와 손기정의 개인사는 그 고난의 역사를 일본에 알리는 데 좋은 소재이기도 했다. 이 같은 출판물에서 손기정은 자신의 개인사를 제공하면서 정부와 함께 서울 올림픽 개최를 위해 협력하는 자세를 견지했다.

서울 올림픽 개최 전년도인 1987년 5월, 서울대생 박종철이 같은 해 1월에 고문으로 사망한 사실이 밝혀졌다. 이 사건으로 시민들의 분노는 극에 달했다. 이해 6월 민주화 운동이 과열되면서 시위 도중 전투경찰이 쏜 최루탄을 머리에 맞아 중상을 입은 연세대생 이한열은 이후 사망했다.

이처럼 학생들의 희생이 속출하는 가운데, 서울 올림픽을 앞둔 한국 정부의 움직임에 세계의 이목이 집중되었다. 당시 대통령 후보였던 노태우는 마침내 '6·29 민주화 선언'을 발표하고 이듬해 2월에 평화적 정권 교체 실현을 약속한다.

정부의 이와 같은 민주화로의 이행에 발맞춰 손기정도 서울 올림픽 개최를 위해 한국 스포츠계 대표들과 힘을 합쳐 스포츠계의 민주화를 도모하고 스포츠의 자율성을 높여야 한다고 주장했다.

1988년 2월 손기정은 이성구 등 원로 체육인이라 불리는 사람들과 함께 한국 스포츠계의 자율화를 촉구하는 성명을 정부에 제출했다. 이처럼 스포츠계의 민주화를 도모하는 한편으로 이들 원로 체육인 그룹은 서울 올림픽의 실현을 명목으로 학생들의 운동에 못질을 하는 것도 빠뜨리지 않았다. 6·29 민주화 선언으로 시민들의 민주화 운동은 일단락되었지만, 학생들의 운동은 전국대학생대표자협의회(이하 전대협)를 중심으로 계속되고 있었다.

전대협은 서울 올림픽에 대해 「88올림픽을 어떻게 생각하십니까?」라는 수기를 남기고 있다. 그 수기에는 전두환·노태우 정권이 권력의 정통성을 유지하기 위해 올림픽을 이용하고 있다는 내용이 담겨 있다. 올림픽의 어두운 면을 밝히려 한 것이지만, 동시에 사회주의적 사상도 그 배경에 있었다.

전대협은 서울 올림픽이 임박한 8월 15일 북조선 학생들과도 연계해 올림픽 남북 공동 개최를 위한 논의를 진행할 예정이었다. 이 같은 움직임에 기선을 제압한 것이 손기정 등 스포츠계의 원로들이었다.

이들은 8월 8일 태릉선수촌에 모여 '범체육인 서울 올림픽 성공기원 대회'를 열고 결의문을 채택했다.

그 결의문에는 전대협이 요구하는 "올림픽의 '공동 개최'나 '분산 개최' 논의는 올림픽의 원활한 준비에 지장을 초래한다" 《아사히신문》, 1988년 8월 9일)고 하여 전대협이 진행하는 북조선 학생들과의 논의 중단을 요구하는 내용도 있었다고 한다.

이 시기 손기정은 서울 올림픽의 실현을 위해 조직위원회와 정부에 협력하면서 한국 스포츠계에서 군림하는 인물 중 한 사람으로서 서울 올림픽의 성공적 개최라는 숙원을 이루기 위해 힘을 쏟고 있었다. 영웅으로 자리매김한 그의 입장이 시민운동의 편이 아니라 정부의 편에 있었던 것은 스포츠계의 숙명이라 할 것이다.

성화 봉송의 '환상의' 최종 주자

서울 올림픽 조직위원회는 성화 봉송의 최종 주자 선정 문제로 고심하고 있었다. 최종 주자에 대한 여론조사 결과, 손기정을 지지하는 사람이 29퍼센트, 1986년 서울에서 열린 아시안 게임에서 800미터, 1500미터, 3000미터 달리기에서 3관왕을 차지한 임춘애를 지지하는 사람이 27퍼센트였다. 이 두 선수 중 한 명을 최종 주자로 선택하게 되어 있었지만, 어느 쪽을 선택할지 결정하지 못하고 있었다.

손기정에 대한 지지율이 높았지만 "베를린 올림픽 마라톤 우승자인 손기정 옹의 나이 문제나, 그가 식민지 시대를 상징한다는 점을 들어 반대하는 여론도 적지 않았다"(『도큐멘트 서울 올림픽』). 손기정은 75세, 임춘애는 19세였다. 따라서 새롭게 태어난 한국을 강조함에 있어 우려되는 점이 없는 것은 아니었다.

대회 조직위원장인 박세직은 고민 끝에 손기정을 최종 주자로 결정한다.

올림픽 개최 4일 전인 9월 13일에 개막식 리허설이 올림픽 경기장에서 거행되었다. 손기정은 최종 주자로 뽑힌 것을 더할 나위 없는 영광으로 여기며 "조국에서 올림픽이 열리고, 게다가 최종 주자로 선정되다니 꿈만 같다. 그때 금메달을 땄을 때보다 더한 영광이다"라고 훗날 말했다(《아사히신문》, 1988년 9월 17일).

그러나 상황은 일변한다. 9월 13일의 이 리허설을 일본의 《요미우리신문》과 《도쿄신문》이 보도함으로써 최종 주자가 손기정이라는 사실이 밝혀졌기 때문이다.

대회 조직위원회 내부에서 논의가 다시 불붙었다. 최종 주자는 개막식 낭일 그 자리에서 알려야 의미가 있다. 성화 봉송의 마지막 주자를 변경할 수밖에 없다. 박세직은 손기정을 만나 최종 주자 교체를 설명했다.

손기정은 실망한 표정으로 "그렇게 결정된 것이라면 어쩔 수 없지 않겠습니까"라고 대답했지만, 이 변경 드라마에 분노를 감추지 못하고 당일 개막식 참석 여부까지 고민하게 된다. 서울 올림픽 개최를 손꼽아 기다리며 개최 결정 순간부터 지켜봐 온 손기정은 서울 올림픽 선수단 단장인 김집의 설득을 받아들여 분함과 서운함을 억누르고 조직위원회의 뜻을 받아들인다.

1988년 9월 17일, 한국을 상징하는 서울 올림픽이 개막했다. 아시아에서 두 번째로 열리는 올림픽이었다.

개회식에서 올림픽 성화가 잠실 올림픽 경기장 성화대로 옮겨졌다. 팡파르와 함께 성화를 든 주자가 경기장으로 들어왔다. 모습을 드러낸 사람은 바로 손기정이라는 노년의 주자였다.

　베를린 올림픽의 영웅은 기쁨에 찬 모습을 온몸으로 표현하며 트랙을 달렸다. 10초 남짓의 달리기였다. 세계인 앞에서 제국 일본·조선 민족의 영웅은 시간이 흘러 열린 서울 올림픽 개회식에서 성화 봉송 주자로 나서 한국의 차세대 젊은이들에게 마지막으로 성화를 이어주었다.

종장

민족을 짊어진 '영웅'

베를린 올림픽을 앞두고

아직 베를린 올림픽 대표 선수로 선발되지 않았던 1936년 1월, 전년도 11월 제8회 메이지신궁대회 마라톤에서 2시간 26분 42초로 우승한 손기정은 그 당시 도쿄에서의 경험을 다음과 같이 말하고 있다.

> 동경 신궁 경기운동장 한쪽 구석에서 수많은 사람 속에 싸여서, 환호와 갈채를 받던 그 순간의 일이었습니다. 나는 어쩐지 마음 한구석에 서운하고 쓸쓸한 생각이 일어나며 나도 모르게 저절로 눈물이 분명히 내 눈썹에 어리어 나옴을 깨달았었습니다. 물론 이 말을 듣는 여러분은 너무나 기뻐서 솟아오르는 눈물이거니 생각하실 분들도 계시리다마는, 그때의 내 가슴 속에는 어쩐지 기쁨보다는 슬픔이 더 많이 용솟음쳤던 것만이 사실입니다.

그 이유는 내가 이 자리에서 구구히 말하고 싶지도 않습니다마는, 구태여 말한다고 하면, 나도 상상하던 바 뜻밖에 호기록을 내어 기뻤던 것도 사실이었습니다마는, 이러한 예상 이외의 기록을 깨트리고 제자리에 돌아왔을 때, 내 눈 앞에는 많은 신문사 기자들이 와서 감상을 말하라거나, 어떤 사람들은 사인을 받아가기도 하고 카메라를 돌리기도 하였습니다. 모든 주위의 환호는 나에게 있어 무상의 영광이요, 기쁨뿐이었습니다. 그러나 그 많은 군중들 가운데서 나는 한 사람의 조선말 하는 사람을 못 대해 보았습니다. 나는 여기에서 쓸쓸한 느낌을 가지게 되었습니다.

―《삼천리》, 제8권 제1호, 1936

이 글은 조선의 대중잡지 《삼천리》에 기고한 손기정 자신의 수기인데, 당시 손기정 자신의 심정을 솔직하게 피력한 글이라고 생각해도 좋을 것이다.

손기정의 영광의 장소는 조선인이 없는 곳이었다. 그가 쓴 글에는 분노가 없고, 다만 포기에 가까운 슬픔이 느껴질 뿐이다. 손기정이 서 있는 영광의 공간과 내면과의 괴리는 스스로도 주체할 수 없는 눈물로 바뀐다.

한결같은 마음으로 경기에 몰두하고 계속 달려서 영광을 손에 넣었지만, 그 공간에 녹아들지 못하는 자신의 존재를 깨닫게 된다. 차분하게 주위를 둘러보면 많은 취재진이 자신을 주목하며 바쁘게 움직이고 있음을 알 수 있다. 그 소란스러움 속에서 그리운 목소리는 들리지 않는다. 차별적인 말을 들은 것도 아니고 누군가에게 야유를 받은 것도 아니며, 순수하게 결과를 기뻐하는 사람들 속에 있다. 다만, 그 속에서 나와 내 주변에 모여든 사람들의 목소리가 다르다. 그 현실에 눈물을 흘렸을 것이다.

이 공간에서 벌어진 일들을 소개하는 것은 큰 의미가 있다. 자신의 배경과 결부되는 것이 도대체 무엇인지를 감지하고 그 차이를 인식함으로써 향후 자신의 정체성과 명확하게 연결되는 순간이라고 할 수 있기 때문이다. 손기정은 제국 일본에서의 스포츠 이벤트 개최 후 영광의 장소에서 이를 감지했다.

손기정은 마라톤에 뛰어난 능력을 보유했기 때문에, 만약 마라톤을 지향한다면 그 차이가 존재하는 세계, 곧 자신과 타자가 통합될 수 없는 세계에 몸을 담을 수밖에 없었다.

이 수기는 손기정 자신이 스스로에 대해 이야기한 최초의 기록이다. 확인 가능한 이때까지의 사료 중에서 손기정 자신의 것으로는 1932년 《동아일보》 기사가 유일하다. 제13회 전국 중등학교 역전경주대회(도쿄-요코하마 간)에서 양정고보 육상부가 우승했을 때, 그 경기의 모습을 보고하는 내용이다. 따라서 손기정의 내면을 토로한 것은 아니다. 즉 손기정은 이 수기를 통해 자신의 경험과 생각을 직접 발신하는 입장에 서기 시작했다고 할 수 있다. 그는 마라톤에 대한 재능이 있었기에 다른 조선 지식인들과 마찬가지로 이야기하는 쪽의 세계에도 발을 들여놓았다. 그는 사람들의 입에 오르내리는 존재이면서 동시에 스스로 발화를 하기도 하는 존재가 되었다.

마라톤을 그만두고 싶다

이 수기에는 손기정의 처지를 이해하는 데 있어 한 가지 중요한 생각이 담겨 있다.

> 나는 이 자리에서 또 한 가지 여러분 앞에 한 마디 말하지 않을 수 없으니, 내가 이번에 나가는(아직 확정치는 않으나) 세계 올림픽 대회가 나에게 있어서는 '마라톤'으로서의 최후의 무대와 기회가 될 것이라는 것입니다.
> 나는, 다시 말하자면, 이번 길을 돌아온 뒤부터는 운동—마라톤—을 영영 그만둘 작정입니다.
> 이 말을 들으시는 여러분은 혹 이의를 말하고 의문을 품으시다마는 단연 결심하였습니다.
> ─위의 책

손기정은 이 시점에서 마라톤을 그만두고 싶다고 분명히 말하고 있다. 만약 베를린 올림픽 대표 선수로 선발되더라도 올림픽 마라톤을 마지막 무대로 삼고 싶다고 했다.

손기정은 마라톤 경기의 승패에 환멸을 느꼈다는 것을 그 이유의 하나로 들고 있다. 하지만 가장 큰 이유는 그의 나이 때문이었을 것이다. 이 수기에서 손기정은 자신을 22세라고 했지만, 실제로는 23세였다. 23세의 나이에 고등보통학교(보통학교를 졸업한 12세 이상의 남자에게 입학 자격이 주어지고 5년을 수업연한으로 삼았다)에 다니는 학생이었다. 어머니는 이미 늙었고, 장래 자신의 삶에 대해서도 생각해야 했다. 집안이 부유한 것도 아니었고, 형에게 계속 의지할 수도 없었다. 마라톤이나 스포츠를 아무리 열심히 한다손 치더라도 생활에는 보탬이 되지 않는다. 당시 손기정은 학창 생활을 마친 이후 삶의 길을 모색하고 있었다. 손기정이 살아온 현실의 삶은 근대가 만들어 낸 스포츠라는 세계와는 다른 곳에 있었다. 그중 어느 하나의 사회 환경에도 통합될 수 없는 손기정의 이중성이 여기에 있다.

손기정은 늘 자신의 생활권에 있는 사람들과 자신과의 경제적 격차를 느끼며 살아왔다. 특히 생활권을 신의주에서 경성으로 옮겨 양정고보에 입학한 뒤에는 자신의 생활 형편과 다른 학생들과의 환경 차이를 더 심하게 느꼈다. 마라톤만으로는 먹고 살 수 없고 어머니를 부양할 수도 없다고 그가 느끼는 것도 무리는 아니었다. 손기정은 이 수기를 다음과 같이 마무리하고 있다.

> 이제 명년 여름 베를린 무대를 밟게만 된다면 나는 이 기회를 최초인 동시에 또한 최후의 기회로 믿고 있는 힘과 정성을 다하야 싸워 보렵니다.
> 지금부터 그때의 순간 순간을 눈앞에 그려보며 심장의 고동을 느낄 따름입니다.
> ─위의 책

'영웅' 잠들다

베를린 올림픽에 출전한 손기정은 베를린 땅에서 시상대의 가장 높은 곳에 선 영웅이 되었다. 제국 일본과 조선 민족의 영웅이라는 두 가지 의미의 '영웅'이었다. 손기정은 영웅으로 살아간다. 가난하든, 부유하든, 지배받는 입장이든, 민족의 상징으로서든. 그 후 손기정은 이야기되는 쪽과 이야기하는 쪽을 오가며, 제국 일본 시대에는 제국 일본을 상징하는 장소에 나타났고, 해방 후의 세계에서는 민족을 표상하는 장소에 나와 사람들로부터 칭송을 받았다.

대한민국 건국 후에는 한국의 육상 지도자로도 활약하며 국기 체육·스포츠에 기여한 공로자로서 많은 상을 받기도 했다. 한국의 자존심을 걸고 개최한 국가적 사업인 서울 올림픽에서는 앞 장에서 언급했듯이 최종 주자, 즉 다음 세대를 담당하게 될 젊은이들에게 성화를 이어주는 역할도 맡았다.

2001년 12월 손기정은 가나가와현 가와사키시(神奈川縣川崎市)의 이다(井田) 종합병원에 있었다. 이 소식을 접한 한국 기업 관계자들은 손기정을 서울 삼성서울병원으로 이송할 준비를 한 뒤 일본에서 한국으로 그를 데려왔다. 이 과정에서 어떤 일이 있었는지는 알 수 없다. 다만 이 에피소드는 한국을 대표하는 기업인들이 손기정이 일본에서 입원한다는 정보를 접하자마자 입원가능한 한국의 병원을 서둘러 준비해 고국으로 데려왔다는 것으로, 경제계 인사들이 영웅을 얼마나 아끼고 돌보았는지를 알 수 있는 사례다.

이후 건강이 회복된 손기정은 자신의 시한부 인생을 깨닫고 영면할 장소에 대해 걱정했다고 한다. 조선반도가 남북으로 분단된 이후 고향 신의주는 더 이상 돌아갈 수 없는 곳이 되었다. 2002년 11월 15일, 손기정은 90세의 삶을 마감했다. 17일 KOC(대한올림픽위원회) 주관의 장례식이 치러진 뒤 고인은 모교인 양정고보 터에 세워진 손기정 기념공원, 서울 올림픽 당시 성화를 들고 트랙을 달렸던 잠실 올림픽 경기장을 경유해 대전으로 향했다.

손기정의 사망 소식을 접한 한국과 일본의 언론들은 그의 죽음을 애도했다. 11월 16일자 《동아일보》는 「마라톤의 영웅, 민족의 자존심」이라는 제목의 사설을 실으면서 다음과 같이 마무리했다.

> 마라톤 영웅은 모진 어려움 속에서도 끊임없이 달려 한계에 도전하는 불굴의 의지와 독립자강 민족사랑의 정신을 남겨 주고 떠났다. 이 같은 고인의 뜻을 기리고 이어가는 것은 우리에게 남겨진 과업이다.
> ―《동아일보》, 2002년 11월 6일

대전 현충원에서

대전역에서 지하철을 타고 현충원역에서 내려 2번 출구로 나오면 현충원으로 향하는 셔틀버스 정류장이 있다. 그리 크지 않은 셔틀버스에 몸을 싣고 10분 정도 가면 현충원 입구에 도착한다. 눈앞에는 좌우로 세 마리씩 거대한 말 석상이 늘어서 있고, 그 사이에 있는 도로에는 한국전쟁에 참전한 연합군 국가들의 국기가 늘어서 있고, 그 맞은편에는 수많은 태극기가 펄럭이고 있다. 그 깃발 사이를 지나면 안내소가 있고, 그 안쪽에는 대한민국을 위해 순국한 사람들의 묘비가 늘어서 있다.

가지런히 늘어선 묘비를 오른쪽으로 바라보며 20여 분 정도 완만한 언덕을 오르면 국가사회공헌자 묘역에 도착한다. 그 구획의 약간 높은 경사면의 가장 높은 곳에 손기정의 묘비가 있다.

여름의 태양을 경사면 전체가 받아내고 있었다. 밝게 빛나는 나무들의 푸르름과 흔들리는 나뭇잎에 이는 잔잔한 바람이 느껴졌다. 손기정의 묘비에는 태극기와 더불어 시들지 않는 아름다운 조화들이 함께 놓여 있었다. 그러고 보니, 박정희 정권 시기에 대한체육회 회장으로서 한국 스포츠에 기여하고 이후 문교부 장관을 지낸 민관식의 묘비도 손기정의 묘비 근처에 나란히 자리하고 있었다.

영웅은 대전 국립묘지에 잠들어 있다.

후기

"그분은 행복한 사람이었어요."

손기정과 친분이 있던 《한국일보》의 전직 기자 조동표 씨는 미소 띤 상냥한 얼굴로 말했다. 그에게도 손기정은 대체할 수 없는 영웅이었다. 그 역시 식민지 조선에서 태어나 식민지 조선에서 살았던 한 사람이다. 모든 질문에 답할 수 있는 기억력과 유창한 일본어에다 대쪽 같은 성격을 지녔고, 한국 스포츠계에 정통했으며, 조선반도 근현대사 속의 스포츠에 대한 통찰력에 대해서는 놀람을 금치 못할 정도였다. 모든 것에 압도당했다고나 할까.

그가 또 말했다.

"민족이란 무엇일까요?"

그로부터 몇 달 뒤 조동표 씨가 세상을 떠났다. 그의 부고를 들었을 때 충격과 함께 깊은 슬픔에 빠졌다. "다시 오세요"라는 말이 그가 나에게 남긴 마지막 말이었다.

머리말에서 스포츠의 본질 중 하나가 경쟁이라고 말한 바 있다. 경쟁의 결과, 그다음에는 무엇이 기다리고 있을까. 그것은 아마도 무언가를 '대표'하는 것일 터이다. 스포츠에서 이 근본적인 기능을 간과해서는 안 된다. 따라서 무엇을 '대표'하고 있는지, 그 주체는 무엇인지에 관한 질문을 계속 던질 필요가 있다.

손기정은 분명 제국 일본 시대를 관통한 희대의 영웅이다. 손기정이 베를린을 질주하고 있을 즈음에 세계는 다양한 세력들이 뒤엉켜 있었다. 그 미쳐 날뛰는 시대 속에서 손기정도 그 시대의 사람들도 일생을 살고 있었다. 그 시대를 살고 있던 사람들은 영웅의 모습을 보고 있었다. 그리고 시간이 지나 현재에 이르렀다.

이 '현재'에 도달할 때까지 우리 눈앞에는 우리의 인식을 만들어내는 수많은 필터가 있다. 그 수많은 필터가 무엇을 걸러내는지 우리가 알아차리기는 어렵다. 그것을 아주 조금이라도 풀어나가려는 작업이 역사를 이해하는 일로 이어지지 않을까 한다. 그렇다고 해도 나에게는 매우 감당하기 어려운 작업인 것은 분명하다. 앞으로도 내 안에 있는 편견과 선입견을 없애기 위해 하나하나 정성껏 노력할 수밖에 없다.

올림픽에서 금메달을 획득하는 일, 그것은 스포츠 문화를 통해 이뤄지는 인간의 아름다운 욕망의 현현이라고 할 수 있으리라. 따라서 거기에는 많은 것들이 얽혀 있다. 무엇이, 누구를 '영웅'으로 만들고 있는가, 이것이 우리가 근본적으로 물어야 할 과제일 터이다.

　이 책을 집필하는 과정에서 많은 분들이 도움을 주셨다.
　이 책과 관련된 연구를 진행하는 과정에서 스승인 고베대학교의 기무라 미키(木村幹) 선생님의 지도를 받으면서 많은 도움을 받을 수 있었다. 이 자리를 빌려 감사의 말씀을 드린다. 홋카이도 대학 명예교수 니시오 다쓰오(西尾達雄) 선생님, 삿포로 대학 명예교수 이경민 선생님, 교토 대학의 다카시마 고(高嶋航) 선생님 들께서는 사료를 제공해 주셨을 뿐만 아니라, 이 책과 관련된 연구에 많은 조언을 해주셨다. 깊이 감사드린다.
　라이스 대학의 시미즈 사유리(淸水さゆり) 선생님, 홋카이도 대학의 한재향 선생님은 이 책과 관련된 내용을 상의해 주셨고 사료를 읽는 데 도움을 주셨다. 니혼 대학의 이시오카 도모노리(石岡丈昇) 선생님께서도 본서의 내용에 대한 조언을 거듭해 주셨다. 또한 신문 자료를 제공해 주신 메이지 대학의 가네코 아유무(兼子步) 선생님, 일일이 거명하기는 힘들지만 만주스포츠연구회의 여러 선생님들께도 감사의 말씀을 드린다.
　마지막으로 주고신쇼(中公新書) 편집부의 시라토 나오히토(白戶直人) 씨에게는 감사하다는 말밖에 할 말이 없다. 이 책은 시라토 씨와의 공동 작업의 결과물이다. 편집 과정에서 보여준 예리한 지적 하나하나에 몸이 움츠러들 지경이었지만, 연구자로서 아직 숙련되지 못하고 개별적인 사실 하나하나에 무지하다는 사실을 다시 한번 깨닫게 되었다. 진정으로 감사드린다.

2020년 3월
김성

옮긴이의 말

이 책은 재일 조선인 역사학자인 삿포로 대학 김성(金誠, KIN Makoto) 교수의 『孫基禎―帝国日本の朝鮮人メダリスト』를 번역한 것이다. 이 책은 일본의 다이쇼 데모크라시를 대표하는 종합 잡지 《주오코론(中央公論)》을 발행하던 주오코론샤(中央公論社)를 인수하면서 요미우리(読売) 신문사가 설립한 주오코론신샤(中央公論新社)에서 발행하고 있는 주코신쇼(中公新書) 통권 2600호로 발행되었다.

2023년 봄 한일 연극 교류에 관한 연구를 진행하기 위해 일본 와세다(早稲田) 대학에서 방문 학자로 연구년을 보내던 중 홋카이도 대학에서 개최된 한일연대 포럼에서 김성 교수를 만난 것이 이 책의 번역에 착수한 계기가 되었다. 학문의 거의 모든 영역에서 역사 연구가 홀대받고 있고 특히 체육사의 경우는 연구자를 손에 꼽을 정도로 귀한 한국의 학문 풍토에서, 재일 연구자가 손기정에 대한 평전을 썼다는 사실이 놀라웠다.

사실 손기정에 대해 학문적인 관심을 갖기 시작한 것은 꽤 오래전의 일이다. 식민지 시기의 라디오 방송을 주제로 한 박사학위 논문을 집필하던 과정에서 손기정의 올림픽 마라톤 우승과 라디오 중계방송에 관한 흥미로운 자료들을 발견했기 때문이었다. 당시 손기정의 인터뷰 자료를 보면서 그를 민족의 영웅으로만 표상하는 한국 사회의 일반적 정서와는 달리 그가 제국의 프로파간다에 소비되는 스포츠 아이콘이라는 인상을 갖게 되었다.

2023년 여름 연구년을 마치고 일본에서 돌아온 뒤 참가한 춘원 문학 답사에서 해방기에 이광수가 머물렀던 사릉과 광릉 일대를 둘러보며 이 책을 번역해야겠다는 생각이 굳어졌다. 근대문학의 거장이 제대로 된 모뉴먼트 하나 없이 잊혀 가고 있다는 사실을 재확인했기 때문이다. 오늘날 20대의 젊은이들은 춘원 이광수를 알지 못한다.『친일인명사전』에 등재된 이래 그의 작품이 중등 교과서에서 증발했기 때문이다. 작가로서 혹은 스포츠 스타로서 제국의 프로파간다에 동원될 수밖에 없었다는 공통점을 가졌지만, 두 사람에 대한 역사와 대중의 평가는 왜 이렇게 달라질 수밖에 없었던 것일까.

손기정이 중일 전쟁 이후 일본 제국의 프로파간다에 동원되었다는 사실에도 불구하고 몽양 여운형이 그를 위해 세 번이나 울었다는 사실은 많은 조선인들이 식민지 말기 유력 인사의 어쩔 수 없는 대일 협력에 대해서는 매우 관대했다는 사실을 방증한다. 1983년에 간행된 자서전에서 손기정이 자신의 과거를 숨기려 하지 않고 이를 반성하는 내용을 담았던 것도 동시대를 살았던 이들에게 자신의 과거사 고백이 사회적으로 수용 가능한 범위에 속했기 때문이 아니었을까.

이 책은 오늘날 우리에게 널리 알려진 손기정의 모습과는 다소 다른 각도에서 그의 삶을 조명한다는 점에서 의미가 있다. 한국에서는 전혀 알려지지 않은 일본 쪽의 자료까지 두루 섭렵함으로써 손기정의 새로운 면모를 보여주고 있다.

이 책을 관통하는 것은 젊은 시절 손기정의 삶을 옥죄었던 스포츠의 정치화에 대한 비판적 성찰이다. 이는 손기정이 한국전쟁 직전에 열린 보스턴 마라톤에 다녀와서 내뱉은 "선수들을 정치 도구화 말기를 간절히 바란다"는 말에서 단적으로 확인된다.

제국의 스포츠 스타이면서 조선인이라는 이중적 정체성을 지닌 손기정의 내면적 고뇌를 찾아내고 있는 점은 이 책의 또 다른 매력이다. 잘 알려지지 않았지만, 베를린 올림픽은 그의 마지막 마라톤 무대였다. 그가 가장 빛나는 순간에 그의 주변에 모국어를 쓰는 사람이 없었다는 사실은 그에게 무한한 비애를 느끼게 했다.

올림픽 시상대에서 월계관을 쓴 손기정의 '가장 슬픈 표정'이 지닌 의미를 단순한 민족적 감정이 아닌 모순적 정체성에서 비롯된 것으로 읽어내는 독법은 매우 신선하다. '끼인 존재'로서의 재일 조선인 학자 김성 교수의 예민한 감수성이 아니었으면 그의 표정이 지닌 진정한 의미를 우리는 알지 못했을 것이다.

2025년 여름
옮긴이

참고 문헌

일본어 자료 및 문헌

† 신문, 잡지, 주보, 월보
『京城日報』
『東京朝日新聞』
『東京日日新聞』
『毎日新聞』
『読売新聞』
『アスレチックス』
『オリムピツク』
『国民総力』
『写真週報』
『総動員』
『朝鮮』
『朝鮮行政』
『東洋之光』
『特高外事月報』

『文教の朝鮮』

『緑旗』

† 연감, 보고서

『第十回オリムピツク大会報告』

『第十一回オリムピツク大会報告書』

『朝鮮事情』

『朝鮮年鑑』

† 문헌

浅田喬二編,『近代日本の軌跡10「帝国」日本とアジア』, 吉川弘文館, 1994.

林鍾国, コリア研究所訳,『親日派』, 御茶の水書房, 1992.

大島裕史,『日韓キックオフ伝説』, 実業之日本社, 1996.

大島裕史,『コリアンスポーツ〈克日〉戦争』, 新潮社, 2008.

大野裕之,『チャップリン暗殺—5・15事件で誰よりも狙われた男』, メディアファクトリー, 2007.

岡崎茂樹,『時代を作る男塩原時三郎』, 大澤築地書店, 1942.

荻野富士夫,『特高警察』, 岩波新書, 2012.

小野容照,『帝国日本と朝鮮野球…』, 中公叢書, 2017.

カーター・J・エッカート 小谷まさ代訳,『日本帝国の申し子』, 草思社, 2004.

金誠,『近代日本・朝鮮とスポーツ—支配と抵抗, そして協力へ』, 塙書房, 2017.

鎌田忠良,『日章旗とマラソン』, 潮出版社, 1984.

姜徳相,『朝鮮人学徒出陣』, 岩波書店, 1997.

木村幹,『韓国現代史—大統領たちの栄光と蹉跌』, 中公新書, 2008.

木村幹,『韓国における「権威主義的」体制の成立—李承晩政権の崩壊まで』, ミネルヴァ書房, 2003.

熊平源蔵編,『朝鮮同胞の光』, 熊平商店, 1934.
現代韓国研究会編,『データBOOKS現代韓国』, 社会評論社, 1990.
園山亀蔵,『渡欧記』, 1936.
孫基禎,『ああ月桂冠に涙―孫基禎自伝』, 講談社, 1985.
高嶋航,『帝国日本とスポーツ』, 塙書房, 2012.
デイヴィッド・クレイ・ラージ　高儀進訳,『ベルリン・オリンピック1936―ナチの競技』, 白水社, 2008.
寺島善一,『評伝孫基禎―スポーツは国境を越えて心をつなぐ』, 社会評論社, 2019.
西尾達雄,『日本植民地下朝鮮における学校体育政策』, 明石書店, 2003.
日本バスケットボール協会,『バスケットボールの歩み　日本バスケットボール協会50年史』, 日本バスケットボール協会, 1981.
日本体育協会編,『スポーツ八十年史』, 日本体育協会, 1959.
日本体育協会編,『日本スポーツ百年』, 日本体育協会, 1970.
野口源三郎,『オリンピックの意義』, 東京講演協会, 1936.
朴祥美,『帝国と戦後の文化政策―舞台の上の日本像』, 岩波書店, 2017.
朴世直,『ドキュ…メント　ソウル五輪(上)』, 潮出版社, 1991.
浜田幸絵,『〈東京オリンピック〉の誕生―一九四〇年から二〇二〇年へ』, 吉川弘文館, 2018.
平沼亮三,『スポーツ生活六十年』, 慶應出版社, 1943.
藤原健固,『ソウル五輪の軌跡』, 道和書院, 1989.
ブランドン・パーマー　塩谷紘訳,『日本統治下朝鮮の戦時動員』, 草思社, 2014.
御手洗辰雄編,『南次郎』, 南次郎伝記刊行会, 1957.
宮田節子,『朝鮮民衆と「皇民化」政策』, 未來社, 1985.
森田芳夫,『朝鮮に於ける国民総力運動史』, 国民総力朝鮮連盟, 1945.
安田浩一,『「右翼」の戦後史』, 講談社現代新書, 2018.
李景珉,『増補朝鮮現代史の岐路』, 平凡社選書, 2003.

李成市・劉傑編著, 『留学生の早稲田—近代日本の知の接触領域』, 早稲田大学出版部, 2015.

リチャード・マンデル, 田島直人訳, 『ナチ・オリンピック』, ベースボール・マガジン社, 1976.

和田八千穂他編, 『朝鮮の回顧』, 近澤書店, 1945.

한국, 한국어 자료 및 문헌

† 신문, 잡지

《동아일보》

《대한독립신문》

《매일신보》

《부산일보》

《서울석간》

《영남일보》

《자유신문》

《조선일보》

《조선중앙일보》

《삼천리》

《신동아》

† 문헌

김성식, 『항일한국학생운동사』, 김학현 옮김, 고려서림, 1974.

고려대학교육십년사편찬위원회, 『육십년지』, 고려대학교, 1965.

고려대학교70년지편찬실, 『고려대학교70년지』, 고려대학교, 1976.

대한올림픽위원회 편, 『KOC50년사』, 대한올림픽위원회, 1996.

대한체육회 편, 『대한체육회사』, 대한체육회, 1965.

대한체육회 편, 『대한체육회칠십년사』, 대한체육회, 1990.

대한체육회 편, 『대한체육회90년사』, 대한체육회, 2010.
동아일보사, 『인촌김성수』, 동아일보사, 1986.
동아일보사, 『동아일보사사 권일』, 동아일보사, 1975.
동아일보80년사편찬위원회, 『민족과 더불어 80년』, 동아일보사, 2000.
『민족정기의 심판』, 혁신출판사, 1949.
상백이상백평전출판부 편, 『상백이상백평전』, 을유문화사, 1996.
스포츠철학회, 『체육·스포츠인물사』, 도서출판 21세기교육사, 2004.
양정100년사편찬위원회 편, 『양정백년사』, 양정100년사편찬위원회, 2006.
이병권 편, 『양정체육사』, 양정체육회, 1983.
이태영 편, 『이길용탄생100주년기념 한국스포츠100년』, 이길용기념사업회, 1999.
이학래, 『한국체육백년사』, 한국학술정보, 2001.
인촌기념회, 『인촌김성수전』, 인촌기념회, 1976.
체육부 편, 『체육한국』, 체육부, 1983.
친일인명사전편찬위원회, 『친일인명사전』, 친일인명사전편찬위원회, 2009.
한국체육백년사편찬회 편, 『한국체육백년사』, 신원문화사, 1981.
한국체육기자연맹, 『일장기말소의거기사 이길용』, 인물연구사, 1993.

영어 자료 및 문헌

† 신문

"The New York Times"

† 문헌

Gwang Ok, *The Transformation of Modern Korean Sport: imperialism, Nationalism, Globalization*, Hollym International Crop, 2007.

J. A. Mangan, Peter Horton, Tianwei Ren, Gwan Ok, *Japanese Imperialism: Politics and Sport in East Asia*, Palgrave Macmillan, 2018.

손기정 연보

1912년 10월 9일(0세)
평안북도 신의주에서 태어나다.

1921년 4월(8세)
신의주 약죽보통학교에 입학하다.

1926년 10월 24일(14세)
안의(安義) 대항 육상경기대회 5천 미터에 출전해 2위를 기록하다.

1928년 8월(15세)
이일성의 권유로 일본으로 건너가 나가노현 가미스와의 기모노 가게에서 일하다.

1930년 9월 8일(17세)
평안북도 육상선수권대회 겸 조선신궁대회 예선 5천 미터에 출전해 우승하다.

1930년 10월 17일(18세)
제6회 조선신궁대회에 평안북도 대표 선수로 5천 미터에 출전해 2위를 기록하다.

1931년 9월(18세)
평안북도 육상선수권대회 겸 조선신궁대회 예선 5천 미터에 출전해 우승하다.

1931년 10월 17일(19세)
제7회 조선신궁대회에 평안북도 대표로 5천 미터에 출전해 우승하다.

1932년 3월(19세)
제2회 경영(京永) 마라톤대회(고려육상경기회 주최, 동아일보사 후원)에 출전해 2위를 기록하다.

1932년 4월(19세)
양정고등보통학교에 입학, 제13회 전국 중등학교 역전대회에 출전해 우승하다.

1932년 5월 8일(19세)
로스앤젤레스 올림픽 조선 예선 대회에 출전해 5천 미터에서 1위, 1만 미터에서 2위를 기록하다.

1932년 5월 25-27일(19세)
일본에서 열린 로스앤젤레스 올림픽 최종 예선(5천 미터, 1만 미터)에 참가하다.

1932년 10월 17-18일(20세)
제8회 조선신궁대회에 출전하여 5천 미터 3위, 1만 미터 2위를 기록하다.

1933년 3월(20세)
제3회 경영마라톤에서 우승하다.

1933년 10월(21세)
제9회 조선신궁대회에 출전하여 마라톤(2시간 29분 34초)에서 우승하다.

1934년 4월 5일(21세)
극동선수권대회 조선 예선 대회에 출전하여 5천 미터에서 1위를 기록하다.

1934년 10월 17일(22세)
제10회 조선신궁대회에 출전하여 1,500미터에서 1위, 마라톤에서 1위를 기록하다.

1935년 5월 18일(22세)
제3회 경수(京水) 가도 마라톤에 출전하여 마라톤에서 1위를 기록하다.

1935년 9월 29일(22세)
일본육상선수권대회 조선 예선에 출전하여 마라톤에서 1위를 기록하다.

1935년 10월 18일(23세)
제11회 조선신궁대회에 출전하여 마라톤에서 2위를 기록하다.

1935년 11월 3일(23세)
제8회 메이지신궁대회에 출전하여 마라톤에서 1위를 기록하다(2시간 26분 42초).

1936년 8월 9일(25세)
베를린 올림픽 마라톤에서 우승하다.

1936년 8월 25일(25세)
일장기 말소 사건 발생하다.

1937년 1월 25일(24세)
아사히 체육상을 수상하다.

1937년 4월(24세)
보성전문학교에 입학하다.

1937년 9월(24세)
메이지 대학에 입학하다.

1938년 11월 6일(25세)
국민정신작흥체육대회에서 성모 봉송 주자로 참가하다.

1939년 12월(27세)
육상 단거리 선수였던 강복신과 결혼하다.

1940년 4월(27세)
조선으로 돌아가 조선저축은행에 취업하다.

1940년 7월(27세)
영화 〈올림피아〉 제1부 〈민족의 제전〉 시사회에 참석하다.

1940년 11월 3일(28세)
황기 2600년을 축하하는 제11회 메이지신궁대회 개막식에 참가하다.

1943년 11월(31세)
학도선배중견단의 일원으로 함경북도를 방문하다.

1944년 5월(31세)
부인 강복신이 향년 29세로 영면하다.

1945년 10월 28일(33세)
서울 운동장에서 열린 자유해방경축종합경기대회에서 기수를 맡다.

1946년 8월 9일(33세)
권태하, 김은배, 남승룡 등과 함께 마라톤 보급회를 조직하다.

1946년 8월 20일(33세)
베를린 올림픽 마라톤 제패 10주년 기념식이 덕수궁에서 열리다.

1946년 10월 9일(34세)
한글 반포를 기념하여 여주의 세종대왕릉에서 덕수궁을 잇는 역전대회에서 최종 주자로 참여하다.

1947년 4월(34세)
제51회 보스턴 마라톤에서 서윤복이 2시간 25분 39초로 우승하다.

1948년 7월(35세)
런던 올림픽에 육상 경기 트레이너로 참가하다.

1950년 4월(37세)
제54회 보스턴 마라톤에 감독 겸 코치로 동행, 함기용이 우승하다.

1951년(38세)
조선 방직 주식회사 상무이사로 취임하다.

1952년 7월 19일-8월 13일(39세)
헬싱키 올림픽에 임원으로 참가하다.

1956년 9월(43세)
풍국제분주식회사에 대표이사로 취임하다.

1959년 12월(47세)
대한체육회 40주년 기념식에서 체육 유공자 표창을 받다. 이상백(공로상) 등과 함께 서울신문사 체육상(지도상)을 수상하다.

1963년 9월 5일(50세)
대한육상경기연맹 회장으로 선임되다.

1964년 3월 7일(51세)
KOC(대한올림픽위원회) 위원으로 선임되다.

1966년 12월 9-20일(54세)
방콕에서 열린 제5회 아시아경기대회에 한국 선수단장으로 참가하다.

1968년(56세)
국제육상경기연맹(IAAF)으로부터 공로상을 수상하다.

1970년 7월(57세)
대한민국 국민훈장을 수상하다.

1970년 8월 15일(57세)
박영록 의원이 베를린에서 국적 회복 사건을 일으키다.

1973년(61세)
관부(関釜) 페리 주식회사 이사로 취임하다.

1975년 1월(62세)
체육 종신 연금 수급자가 되다(매월 10만 원).

1978년(66세)
동양실업판매주식회사 회장으로 취임하다.

1981년 9월 30일(68세)
독일 바덴바덴에서 올림픽 유치 사절단으로 참석, 서울 올림픽 유치가 결정되다.

1982년(70세)
국제육상경기연맹(IAAF) 창립 70주년 특별 기념상을 수상하다.

1984년(71세)
『나의 조국, 나의 마라톤: 손기정 자서전』이 한국일보사에서 간행되다.

1984년 7월(71세)
로스앤젤레스 올림픽 성화 주자로 로스앤젤레스 시의 코리아타운을 달리다.

1985년 2월(72세)
자서전 『아, 월계관의 눈물』(일본어판)이 고단샤에서 출판되다.

1988년 9월 17일(75세)
서울 올림픽 개막식에서 성화 주자로 참가하다.

2002년 11월 15일(90세)
영면에 들다. 이후 국가 사회 기여자로 대전의 현충원에 안장되다.

손기정 평전
제국의 트랙을 딛고 민족을 넘다

1판 1쇄 발행 2025년 8월 25일

지은이 | 김성
옮긴이 | 서재길

펴낸이 | 조영남
펴낸곳 | 알렙

출판등록 | 2009년 11월 19일 제313-2010-132호
주소 | 경기도 고양시 일산서구 중앙로 1455 대우시티프라자 715호
전자우편 | alephbook@naver.com
전화 | 031-913-2018, **팩스** | 031-913-2019

ISBN 979-11-994033-0-7 03990

＊책값은 뒤표지에 있습니다.
＊잘못된 책은 바꾸어 드립니다.